# ZUCKER
## Der weiße Killer

Wie Sie der Volksdroge Nummer 1 entkommen
und das süße Leben ohne Zucker genießen

**IMPRESSUM**
© 2016 FID Verlag GmbH, Koblenzer Str. 99, D-53177 Bonn
Alle Rechte vorbehalten. Nachdruck und Vervielfältigungen sowie Verbreitung durch Bild, Funk, Fernsehen und Internet, auch auszugsweise, nur mit schriftlicher Genehmigung des Verlags.
1. Auflage 2016
Herausgeber: Simon Höcky, Bonn
Produktmanagement: Stanislava Albert-Stoykova, Bonn
Autor: Dr. med Rainer Limpinsel, Ute Schüwer (v.i.S.d.P.)
Projektmanagement: wortprojekt.de, Melanie Steiner
Lektorat: Gernot Beger, Bonn
Titel: Tipp4, Rheinbach
Satz & Layout: www.BrunisArt.de
Bildnachweise: www.fotolia.com
Druck: Druck & Design Offsetdruck GmbH, Gronau-Epe
Printed in Germany.
ISBN: 978-3-95443-067-3
Haftungsausschluss:
Alle Beiträge wurden mit Sorgfalt recherchiert und überprüft. Dennoch erfolgen alle Angaben ohne Gewähr. Weder die Autoren noch der Verlag können für die Angaben in diesem Buch eine Haftung übernehmen. Die hier veröffentlichten Gesundheitsinformationen und Tipps können eine ärztliche Beratung und Betreuung nicht ersetzen.

## Zu den Autoren
„Zucker war mein größtes Glück" . . . . . . . . . . . . . . . . . . . . . . . . . . 7
„Zucker hat mein Immunsystem geschwächt" . . . . . . . . . . . . . . . . . 9

## Vorwort . . . . . . . . . . . . . . . . . . . . . . . . . . . . . . . . . . . . . . 11

## Teil I: Wir stehen auf der Bremse
Ein Blick auf meine Familie . . . . . . . . . . . . . . . . . . . . . . . . . . . . 14
Alzheimer als eine Folge von Zucker? . . . . . . . . . . . . . . . . . . . . . 15
Wissen kontra gesunde Lebensführung:
    Widerspruch oder nur Ignoranz? . . . . . . . . . . . . . . . . . . . . 16
Wie wirkt Zucker und warum sollten Sie darauf verzichten? . . . . . . . . 19
Infos über Zucker . . . . . . . . . . . . . . . . . . . . . . . . . . . . . . . . . . 19
Ein genauer Blick auf die Bestandteile unserer Nahrung . . . . . . . . . . 22
Jede Zeit hat ihre Probleme . . . . . . . . . . . . . . . . . . . . . . . . . . . 24
Was lässt Sie lange leben? . . . . . . . . . . . . . . . . . . . . . . . . . . . . 25
Die Medizin wird Ihnen nicht helfen . . . . . . . . . . . . . . . . . . . . . . 27
Große medizinische Fortschritte helfen nicht bei
    ungesunder Lebensweise . . . . . . . . . . . . . . . . . . . . . . . . . 28
Aber wir haben doch so ein teures Gesundheitssystem! . . . . . . . . . . 29
Der unbedingte Wille, gesund zu leben, muss in Ihnen entstehen . . . . 32
Meine Geschichte als Diabetiker . . . . . . . . . . . . . . . . . . . . . . . . 32
Zucker macht Sie dick und krank . . . . . . . . . . . . . . . . . . . . . . . . 35
Darum ist Zucker schlecht für Sie . . . . . . . . . . . . . . . . . . . . . . . . 36
122 Wege, wie raffinierter Zucker Ihre Gesundheit ruiniert . . . . . . . . 38
Warum wollen Sie auf Zucker verzichten? . . . . . . . . . . . . . . . . . . 43
Wie steht es um Ihr Gewicht? . . . . . . . . . . . . . . . . . . . . . . . . . . 44
Haben Sie ein natürliches Essverhalten? . . . . . . . . . . . . . . . . . . . 46
Was passiert, wenn Sie auf Zucker verzichten? . . . . . . . . . . . . . . . 50
Raucher und Zuckeresser plagt die gleiche Sucht . . . . . . . . . . . . . 50
Vermeiden Sie die Blutzucker-Bomben! . . . . . . . . . . . . . . . . . . . . 51
Es gibt Zucker, der kein Insulin benötigt . . . . . . . . . . . . . . . . . . . . 51
Sie können ohne die Sucht nach Zucker leben . . . . . . . . . . . . . . . . 53
Das Problem mit Zucker . . . . . . . . . . . . . . . . . . . . . . . . . . . . . . 54

Kleinste Veränderungen im Erbmaterial . . . . . . . . . . . . . . . . . . . . . . . 55
Süßstoffe sind keine Lösung!. . . . . . . . . . . . . . . . . . . . . . . . . . . . . . . . . 55
Kein Gewichtsverlust durch Süßstoffe . . . . . . . . . . . . . . . . . . . . . . . . 56
Trau, schau, wem? Cholesterin und seine angeblichen Grenzwerte . . . . . 57
Noch ein paar Worte zu Stevia . . . . . . . . . . . . . . . . . . . . . . . . . . . . . . 57
Xylit: Ist Birkenzucker eine Alternative? . . . . . . . . . . . . . . . . . . . . . . 58
Natürlich gut? Trockenfrüchte und Honig sind nicht optimal . . . . . . 63
Tricksen Sie Ihren Körper einfach aus! . . . . . . . . . . . . . . . . . . . . . . . 64
Ein Blick auf die verschiedenen Ernährungslehren . . . . . . . . . . . . . . 66
Was haben alle Ernährungslehren gemeinsam? . . . . . . . . . . . . . . . . . 78
Machen Sie Lebensmittel-Experimente . . . . . . . . . . . . . . . . . . . . . . . 80
Ausreden, Ausreden, Ausreden . . . . . . . . . . . . . . . . . . . . . . . . . . . . . 83
Gehen Sie zum Arzt . . . . . . . . . . . . . . . . . . . . . . . . . . . . . . . . . . . . . . 84
Jetzt geht's los . . . . . . . . . . . . . . . . . . . . . . . . . . . . . . . . . . . . . . . . . . 85

# Teil II: Wie Sie die Bremse lösen können

## Gewohnte Muster überwinden . . . . . . . . . . . . . . . . . . . . . . . . . . . . . . . 87
Die 4 Zucker-Bremsen . . . . . . . . . . . . . . . . . . . . . . . . . . . . . . 88
## 1. Die Wunschziel-Bremse . . . . . . . . . . . . . . . . . . . . . . . . . . . . . . . . . . 89
Wenn Kopf und Bauch gegeneinander arbeiten . . . . . . . . . . . . 91
Wunschziel-Bremse 1: Negativ behaftete Zielvorstellungen . . . . . . . . . . 93
Wunschziel-Bremse 2: Überhöhte Zielvorstellungen und
Schlankheitswahn . . . . . . . . . . . . . . . . . . . . . . . . . . . . . . . . 96
Wunschziel-Bremse 3: „Nicht-Ziele" . . . . . . . . . . . . . . . . . . . . 98
## 2. Die Selbstkritik-Bremse . . . . . . . . . . . . . . . . . . . . . . . . . . . . . . . . . 104
Selbstkritik – Fallbeispiel: Sven, 28 Jahre, möchte gerne
15 Kilo abnehmen . . . . . . . . . . . . . . . . . . . . . . . . . . . . . . . 105
Selbstkritik – Fallbeispiel: Martha, 57 Jahre, hat starke
Gewichtsschwankungen . . . . . . . . . . . . . . . . . . . . . . . . . . . 106
## 3. Die Glücks-Bremse . . . . . . . . . . . . . . . . . . . . . . . . . . . . . . . . . . . . 114
Fallbeispiel: Sarah, 30 Jahre . . . . . . . . . . . . . . . . . . . . . . . . . 115
Die Glücks-Bremse lösen: Bedürfnisse erkennen und
Alternativen finden . . . . . . . . . . . . . . . . . . . . . . . . . . . . . . 117
Machen Sie einen inneren Stopp . . . . . . . . . . . . . . . . . . . . . . 122
Ist Ihr Leben in Balance? . . . . . . . . . . . . . . . . . . . . . . . . . . . 126

### 4. Die Gemeinschafts-Bremse . . . . . . . . . . . . . . . . . . . . . . . . . . . . . . . . 130
Die Gemeinschafts-Bremse lösen:
Sagen Sie NEIN zu den Auslösern . . . . . . . . . . . . . . . . . . . . . . 131
Willkommen beim Forschungsprojekt „Bremsen lösen"! . . . . . . . . . . . 138

## Teil III: Nehmen Sie Fahrt auf! . . . . . . . . . . . . . . . . . . . . . . . 138
Menschen sind Gewohnheitstiere – von Autobahnen und Trampelpfaden. . . 138

### Jetzt wird's konkret: Was möchten Sie verändern? . . . . . . . . . . . . . . . . 144
„Schritt für Schritt" den Zucker reduzieren. . . . . . . . . . . . . . . . . . . . 146
Ganz oder gar nicht: Alles auf einmal . . . . . . . . . . . . . . . . . . . . . . . 157
Lassen Sie Ihr Bauchgefühl entscheiden! . . . . . . . . . . . . . . . . . . . . . 158

### Exkurs: Bewegung macht es Ihnen leichter . . . . . . . . . . . . . . . . . . . 159
### Einkaufstipps und Vorratshaltung. . . . . . . . . . . . . . . . . . . . . . . . . 162
Vermeiden Sie Versuchungen . . . . . . . . . . . . . . . . . . . . . . . . . . . 162
### Arbeitsblätter „Testphase" und „Bilanz ziehen" . . . . . . . . . . . . . . . . . 165
Testphase . . . . . . . . . . . . . . . . . . . . . . . . . . . . . . . . . . . . . . . 165
Bilanz nach Abschluss der Testphase . . . . . . . . . . . . . . . . . . . . . . . 167

## Schlussbetrachtung. . . . . . . . . . . . . . . . . . . . . . . . . . . . . . 169
Die 10 Erlaubnisse . . . . . . . . . . . . . . . . . . . . . . . . . . . . . . . . . . 169
Sportübungen . . . . . . . . . . . . . . . . . . . . . . . . . . . . . . . . . . . . 171

## Anhang:
### Rezeptteil . . . . . . . . . . . . . . . . . . . . . . . . . . . . . . . . . . . . . . . . 181
Frühstück . . . . . . . . . . . . . . . . . . . . . . . . . . . . . . . . . . . . . . 181
Salate . . . . . . . . . . . . . . . . . . . . . . . . . . . . . . . . . . . . . . . . 182
Hauptgerichte. . . . . . . . . . . . . . . . . . . . . . . . . . . . . . . . . . . . 183
Sättigungsbeilagen . . . . . . . . . . . . . . . . . . . . . . . . . . . . . . . . . 184
Nachtisch . . . . . . . . . . . . . . . . . . . . . . . . . . . . . . . . . . . . . . 193
Kuchen . . . . . . . . . . . . . . . . . . . . . . . . . . . . . . . . . . . . . . . 195
Zwischenmahlzeiten . . . . . . . . . . . . . . . . . . . . . . . . . . . . . . . . 199
### Literatur . . . . . . . . . . . . . . . . . . . . . . . . . . . . . . . . . . . . . . . . 191

## „Zucker war mein größtes Glück"

Dr. med.
Rainer Limpinsel

*Ich möchte Ihnen das schönste Erlebnis meines Lebens schildern. Es ereignete sich im Jahr 1986 und fand während meines Ferienjobs bei Zwieback Brandt statt. Zwieback Brandt ist eine weltbekannte Groß-Bäckerei, die in meiner Heimatstadt Hagen ansässig war. An einem Tag bestand meine Aufgabe darin, den sogenannten „Bruch" in einen Container zu schaufeln. Als „Bruch" werden Plätzchen und Kekse bezeichnet, deren Äußeres schadhaft ist. Bruch kommt deswegen nicht in den freien Verkauf. Damals wurde daraus Schweinefutter gemacht. Ich musste also an diesem Tag während einer Frühschicht etwa 800 Kilogramm Schokoladenkekse wegschaufeln. Nach einer Viertelstunde dämmerte mir, dass ich etwa zwei Stunden eher als geplant mit meiner Aufgabe fertig sein würde. Also beschloss ich, es mir gutgehen zu lassen.*

*Zunächst baute ich mir eine Art Königsthron aus Schokoladenkeksen. Dann ließ ich mich auf meinem Thron nieder und aß etwa 90 Minuten lang Schokoladenkekse. Ich war im Paradies. Ich saß in einem Meer aus leckeren Schokoladenkeksen und konnte so viel Schokolade essen, wie ich wollte. Überhaupt habe ich in jungen Jahren extrem viel Zucker gegessen. Bei meiner Mutter gab es generell jeden Tag eine Tafel Schokolade für mich. Bis zu meinem 16. Lebensjahr habe ich ausschließlich(!) Cola und Limonade getrunken. Erst danach lernte ich den Geschmack von Mineralwasser kennen – im Sportverein nach dem Training. Im Sommer gab es von meiner Mutter jeden Tag ein Eis und in der Weihnachtszeit viele Dominosteine. Pommes aß ich nur, wenn es auch Ketchup gab, Spaghetti ebenso. In Ketchup schlummert viel Zucker. Machte meine Mutter Kuchen, aß ich mindestens vier Stücke mit Sahne davon. Ich liebte Zucker.*

*Dieses Buch wäre niemals entstanden, wenn ich nicht im Jahr 2007 sehr schwer an Diabetes Typ II erkrankt wäre. Hatte ich zu viel Zucker gegessen? Für mich war es damals an der Zeit, mein Leben zu überdenken. Ich habe für den FID-Verlag seither drei Bücher über Diabetes geschrieben. Dieses Buch betrifft nicht speziell Diabetiker. Trotzdem streife ich manchmal dieses Thema. Denn zum einen leben in Deutschland fast 10 Millionen Diabetiker, und zum anderen muss ein Leiden wie die „Zuckerkrankheit" in einem Buch über Zucker erwähnt werden.*

## „Zucker hat mein Immunsystem geschwächt"

Ute Schüwer

Meine Geschichte begann wie bei den meisten Kindern in den 1970er Jahren mit viel Süßigkeiten sowie Unmengen an Zitronen- und Orangensprudel. Erst mit zwölf Jahren probierte ich das erste Mal Mineralwasser und fand, dass es fürchterlich schmeckte. Ich war immer schlank, konnte aber locker zum Kaffee vier Stück Kuchen verschlingen, und mein täglicher Schokoriegel vom Kiosk durfte nicht fehlen.

Mein Umdenken begann, als ich mit Anfang 20 in Frankreich lebte. Zu der Zeit plagten mich – und das schon seit etwa zehn Jahren – Seitenstranganginas und Nasennebenhöhlenentzündungen, die mich regelmäßig mit extremen Hals- und Kopfschmerzen für ein bis zwei Wochen ans Bett fesselten. Ich schluckte Antibiotika, die Abstände zwischen den Erkrankungen wurden immer kürzer, sodass ich mir inzwischen sofort wieder einen Infekt zuzog, kaum hatte ich mich von dem letzten erholt. Ohne Antibiotika schaffte es mein Körper gar nicht mehr, die ganzen Infekte zu bekämpfen. Und selbst eine Operation der Nasennebenhöhlen auf Anraten meines HNO-Arztes hatte nichts gebracht.

Eine Freundin empfahl mir einen Arzt, der auch Naturheilverfahren praktizierte (damals in Deutschland wie in Frankreich noch eine Seltenheit). Dieser Arzt hatte eine Alternative zu Antibiotika. Er fragte mich, ob ich mir vorstellen könnte, sechs Wochen kein Zucker und kein rotes Fleisch (also Rind und Schwein) zu mir zu nehmen. Er erklärte es mir so, dass meine Leber dadurch entlastet würde und sich besser um die Bekämpfung der Infekte kümmern könnte. Für mich war das ein völlig neuer Gedanke. Ich hätte mich in meiner Verzweiflung allerdings an jeden Strohhalm geklammert – also probierte ich es aus.

Der Erfolg war durchschlagend: Meine Vitalität war schnell wieder da, und Erkältungen bekam ich nur noch zwei- bis dreimal im Jahr – in wesentlich abgeschwächter Form.

Und ich entdeckte noch etwas, womit ich überhaupt nicht gerechnet hatte: Nach den sechs Wochen schmeckte mir Süßes gar nicht mehr. Mein Geschmackssinn hatte sich durch die Zucker-Abstinenz so verfeinert, dass ich den natürlichen Geschmack von Gemüse oder Obst viel intensiver wahrnehmen konnte und mir Kuchen oder Schokolade viel zu süß waren. Das ist jetzt mehr als 20 Jahre her – meine Lust auf Zucker ist seitdem nicht wiedergekommen.

# Vorwort

In den letzten Jahren wurden zwei elementare Zusammenhänge nachgewiesen:

1. Zucker macht süchtig.
2. Zucker ist gesundheitsschädlich.

Diese Erkenntnisse kommen so langsam in unserem Alltagsbewusstsein an, und trotzdem ändert sich im Verhalten wenig. Doch was macht es so schwer, sich dauerhaft gesünder zu ernähren? Dieses Buch setzt genau bei dieser Frage an. Sie erfahren, wie wir uns üblicherweise selbst ausbremsen, wenn wir uns eigentlich gesünder ernähren wollen. Und Sie lesen, wie Sie gesunde Ernährung ganz einfach in Ihren Tagesablauf integrieren können. Ganz gleich ob dieses Thema für Sie aus gesundheitlichen Gründen oder „nur" zur Gewichtsreduktion interessant ist: Es richtet sich an alle Menschen, die ihren Zuckerkonsum dauerhaft reduzieren möchten.

Im ersten Teil des Buches („Wir stehen auf der Bremse") liefert Dr. med. Rainer Limpinsel zahlreiche Informationen rund um das Thema „Ernährung" und insbesondere „Zucker". Er beschreibt – auch anhand seiner persönlichen Geschichte –, wie Zucker im Körper wirkt und was es bringt, Zucker zu vermeiden. Medizinische und ernährungswissenschaftliche Hintergründe erläutert er in sehr einfacher und verständlicher Sprache.

Im zweiten Teil („Wie Sie die Bremse lösen können") beschreibt Ute Schüwer (Coach für Veränderung von Gewohnheiten), warum es nichts mit mangelnder Willenskraft zu tun hat, falls Sie bislang mit Ihren Versuchen, Zucker zu reduzieren, gescheitert sind. Sie erfahren, welche typischen Muster es gibt, mit denen wir uns immer wieder ausbremsen und wie Sie diese Bremsen lösen können.

Im dritten Teil („Nehmen Sie Fahrt auf!") finden Sie eine genaue Anleitung, um nach und nach Ihren Zuckerkonsum zu reduzieren. Wir möchten Sie in diesem Buch auf Ihrer Entdeckungsreise des neuen Genusses natursüßer Lebensmittel begleiten.

# Wir stehen auf der Bremse

Ich will mit meiner ganz persönlichen Lebensgeschichte beginnen. Geboren im Jahr 1967 in Hagen in Westfalen, ging ich dort auf das Gymnasium und studierte Humanmedizin an der Ruhr-Universität in Bochum. Ich wurde Arzt, arbeitete in der Chirurgie und promovierte. Doch im Sommer des Jahres 2007 gab es ein Ereignis, das mein bisheriges Leben komplett über den Haufen warf. Anfang August ging es mir so schlecht, dass ich eine Woche lang nicht vom Sofa runterkam. Ich fühlte mich superschlapp, zudem hatte ich abends beim Zubettgehen wirkliche Angst, den nächsten Morgen nicht mehr zu erleben. Zum ersten Mal seit meinem zwölften Lebensjahr ging ich von selbst zu einem Arzt. Ich musste mir erst einen neuen

*Wie alle jungen Männer fühlte ich mich unbesiegbar und stark.*

Hausarzt suchen, denn in Bochum war ich noch nie in einer Arztpraxis. Warum auch? Wie alle jungen Männer fühlte ich mich unbesiegbar und stark. Mein formidabler Bauch störte mich (und viel mehr noch meine Freundin) nur optisch. „Ein Mann ohne Bauch ist ein Krüppel" hieß es bei meinen Eltern immer. Die Blutuntersuchung beim Hausarzt bestätigte schnell den Verdacht, den ich insgeheim selbst schon hegte: Ich war sehr schwer zuckerkrank. Mein Nüchtern-Blutzucker lag bei erschreckenden 231 mg/dl. Noch viel schlimmer war mein Langzeitwert für den Blutzucker, der sogenannte HbA1c-Wert. Er betrug sage und schreibe 14,1 %. Die Werte eines gesunden Menschen liegen übrigens bei 80 mg/dl bzw. 5,5 %. Dieser Moment war der Anlass, mich intensiv mit dem Thema „Zucker" zu beschäftigen.

Um es gleich vorwegzunehmen: Ich habe ein Jahr lang Insulin gespritzt und meine Ernährung komplett umgestellt. Heute lebe ich ohne jegliche Medikamente mit Blutwerten, die denen eines gesunden Menschen entsprechen. Mit den Jahren ist mir klar geworden, dass es kein Zufall war, dass ich Diabetes bekam. Die Veranlagung für die Zuckerkrankheit steckt in den Genen meiner Familie, der Hang zum übermäßigen Zuckerkonsum leider auch.

## Ein Blick auf meine Familie

Die Eltern meines Vaters waren Opa Heinrich und Oma Änne. Beide sind gestorben, als ich ein kleines Kind war, sodass ich mich nicht wirklich an sie erinnern kann. Aber ich weiß, dass die Todesursache bei beiden Krebs war. Beide haben weder geraucht noch getrunken. Opa Heinrich ist 80 Jahre alt geworden und war die letzten drei Lebensjahre bettlägerig. Oma Änne ist mit 75 Jahren verstorben, ihr Krebs ist urplötzlich nach dem Tod ihres Mannes ausgebrochen. Der Gedanke, dass eventuell ihre Ernährung schuld an ihrem Krebs war, ist beiden sicher nicht gekommen. Heute gibt es viele Studien, die den Zusammenhang von westlicher Ernährung und Krebs belegen.

Die Eltern meiner Mutter hießen Opa Hans und Oma Anna. Opa Hans hat geraucht, getrunken und war stark übergewichtig. Er wurde 75 Jahre alt und ist an Lungenkrebs gestorben. Lungenkrebs tritt wesentlich häufiger bei Rauchern als bei Nichtrauchern auf. Oma Anna ist mit 88 Jahren verstorben. Sie war die letzten 25 Jahre ihres Lebens eine insulinpflichtige Diabetikerin vom Typ II. Schon bevor ich im Jahr 1988 mein Medizinstudium begonnen habe, merkte ich ihr gegenüber ganz leise an, dass ihr Diabetes eventuell in Ihrem Lebensstil begründet sei.

*Meine Oma hat sich nie körperlich bewegt, hatte 30 Kilo Übergewicht und hat Zeit ihres Lebens sehr viel Zucker verzehrt.*

Meine Oma hat sich nie körperlich bewegt, hatte 30 Kilo Übergewicht und hat Zeit ihres Lebens sehr viel Zucker verzehrt. Sie war eine sehr zierliche Person, deshalb hat man ihr das Übergewicht nicht wirklich angesehen, Mit 30 Kilo zu viel auf den Rippen sah meine Oma nicht dick aus. Sie hat jegliche Kritik an ihrer Ernährungsweise – und vor allem an ihrem Zuckerkonsum – mit einem legendären Spruch abgetan: „Junge, an dem einen Stück Kuchen kann das bei mir aber nicht liegen." Damit war für meine Oma das Thema Zuckerkonsum abgehakt. Jegliche weitere Kritik ist an ihr abgeperlt wie Wassertropfen an einer neumodischen Regenjacke. Sie hatte sehr starke Nerven. Gestorben ist Oma Anna an einem Herzinfarkt. Der Herzinfarkt ist eine klassische Spätfolge eines schlecht eingestellten Zuckerwertes. Ihr Hausarzt war froh, wenn er es schaffte, Oma Anna um

200 mg/dl einzustellen. Sie war dickköpfig und hat sich nie um ihren Diabetes gekümmert.

Meine Mutter war ebenfalls eine sehr zierliche Person, vom Typ der Schauspielerin Audrey Hepburn sehr ähnlich. Sie hat nie geraucht und nie einen Tropfen Alkohol getrunken. Im Alter von 72 Jahren ist sie gestorben, genau wie Oma Anna an einem Herzinfarkt. Trotz ihrer 30 Kilo Übergewicht hatte sie keinen Diabetes. Aber fünf Jahre vor ihrem Tod wurde bei meiner Mutter Alzheimer diagnostiziert. Zum Glück hielt sich die Belastung durch den Alzheimer sowohl für meine Mutter als auch für meine Familie noch in Grenzen.

## Alzheimer als eine Folge von Zucker?

Interessanterweise wird heutzutage von sehr vielen Wissenschaftlern der Verdacht geäußert, dass Alzheimer die direkte Folge eines erhöhten Zuckerkonsums sein könnte. Einige provokante Forscher möchten für Alzheimer den neuen Namen „Diabetes Typ III" etablieren. Für meine Mutter (wie auch für meine Oma) war der Genuss von Zucker unumstößlich. Es gab für die beiden Damen keine Alternative zum Zuckerkonsum. Das Credo lautete: „Zucker ist gut, ich brauche meinen Zucker, und die Kinder kriegen sowieso immer Zucker. Basta!" Als ich zuckerkrank wurde

> *Im Kühlschrank meiner Mutter lag für meinen Bruder und mich stets Schokolade bereit.*

und meiner Mutter schilderte, dass ich in Zukunft keinen Zucker mehr essen wolle, weil das nicht gut für Diabetes-Kranke sei, hat sie trotzdem Schokolade im Kühlschrank für mich aufbewahrt – so wie sie es immer getan hatte. Im Kühlschrank meiner Mutter lag für meinen Bruder und mich stets Schokolade bereit. Mein Bruder ist nicht zuckerkrank. Auch als erwachsener Mann war es für ihn die erste Handlung, den Kühlschrank meiner Eltern aufzureißen und einen Riegel Schokolade zu essen, wenn er mal zu Besuch war. Mein Bruder hat – inspiriert durch meine Lebensgeschichte – die gezuckerten Limonaden und Cola-Drinks aus seinem Leben verbannt und allein dadurch 15 Kilo Gewicht verloren. Meine Mutter aß sehr gerne Kuchen und trank sehr gerne Cola. Manchmal schaute ich sie ein bisschen vorwurfsvoll an, weil sie wusste, dass ich mit Diabetes zu kämpfen hatte. Meine Mutter aß trotzdem ihren Kuchen und sagte lediglich: „Junge, schau mich nicht so an! Ich habe keinen Diabetes!" In meiner Kindheit war es völlig normal, dass ich jeden Tag eine Tafel Schokolade zu essen bekam. Jeden Tag gab es Nachschub. Im Alter von 15 Jahren wollte ich nicht mehr so viel Schokolade essen. Meine Oma verstand nicht, dass ich nicht mehr sofort zur Schokolade griff, wenn ich sie besuchte.

*Im Alter von 15 Jahren wollte ich nicht mehr so viel Schokolade essen.*

„Rainer, willst du Schokolade?"
„Nein Oma, danke sehr."
„Ganz bestimmt nicht?"
„Nein, ganz sicher nicht!"

Dann legte sie die Schokolade vor mir auf den Tisch und sagte: „Gut, ich lege dir die Schokolade einfach mal so hierhin." Es ist müßig zu erklären, dass es natürlich höchstens fünf Minuten dauerte und ich doch ein Stück Schokolade aß. Meine Oma war ein regelrechter „Schokoladen-Dealer".

## Wissen kontra gesunde Lebensführung: Widerspruch oder nur Ignoranz?

Mein Vater wurde 1938 geboren und ist noch immer so munter wie ein Fisch im Wasser. Nach mehr als 20 kläglich gescheiterten Versuchen schaffte er es erst mit 50 Jahren das Rauchen aufzugeben. Mein Vater hat Diabetes Typ II und ist mit Tabletten gut eingestellt. Ich habe mich mal sehr lautstark mit ihm gestritten, als ich mitbekam, dass er zuhause industriell hergestellten Joghurt aß. Der Joghurt war natürlich mit Zucker gesüßt und mit Aromen versetzt. Mein Vater ist studiert und durchaus in der Lage, das Problem des Zuckerkonsums und der Diabetes-Krankheit zu reflektieren. Er kennt die krank machenden Verquickungen von Zucker, Geschmacksverstärkern, Aromen, Süßstoffen und anderen chemischen Zusatzstoffen im Essen.

Doch weil es eine Tablette gibt, mit der er seinen Diabetes im Griff hat, ist ihm das Thema egal. Mein Vater futtert weiter, als wäre er nicht krank. Sein Kommentar zum Thema „Ungesundes Essen aus dem Supermarkt" lautet stets: „Dann kann ich ja gar nichts mehr essen!" Richtig, mit diesem Diabetes sollte er solche Sachen eigentlich nicht mehr essen! Mein Vater sieht die Fakten und sagt die richtigen Worte, aber er zieht die falsche Konsequenz. Vielleicht kommt Ihnen das bekannt vor? Für ihn bedeutet der Ausspruch „Dann kann ich ja gar nichts mehr essen", dass er keine Möglichkeit sieht, sich anders zu ernähren. Aber ich beweise ihm immer wieder, dass es problemlos möglich ist, "etwas anderes zu essen".

Speisen müssen nicht gesüßt, Zucker braucht nicht verwendet und Chemie im Essen kann vermieden werden. Trotzdem können Sie nach Strich und Faden genießen. Ich persönlich schlemme sogar intensiver als vorher, nur mache ich einen ganz großen Bogen um Zucker, Fertignahrung und all die bunten Tüten, die es in deutschen Supermärkten zu kaufen gibt. Auf diese Weise ist nicht nur mein Diabetes geheilt worden, sondern ich konnte gleichzeitig mein Übergewicht um 25 Kilo dauerhaft verringern.

## Warum erzähle ich Ihnen das?

Zum einen bin ich der festen Überzeugung, dass meine gesamte Familie bei vernünftiger Ernährung und Lebensweise länger und gesünder hätte leben können – allen voran mein kettenrauchender Opa Hans. Mein Vater bringt hingegen alle Voraussetzungen mit, dass er 100 Jahre alt wird. Eine gute Konstitution, das Rauchen aufgeben und ein sorgenfreies Leben können Ihnen tatsächlich helfen, wenn Sie Gleiches vorhaben. Als Diabetiker müssen Sie dabei unbedingt Ihren Blutzucker normal halten – zur Not mit Medikamenten. Dieses Buch widmet sich dem Thema Zucker. Und hierzu ist mir aufgefallen: Meine Mutter (zusammen mit Oma Anna), mein Vater und ich repräsentieren die drei folgenden Meinungen, die Sie zum Thema Zucker haben können:

> *Mein Vater sieht die Fakten und sagt die richtigen Worte, aber er zieht die falsche Konsequenz.*

### 1. Wir sind zuckersüchtig und lassen nichts auf Zucker kommen.

Meine Mutter und meine Oma waren absolute Zuckerfans. Beide hätten mir die Schokolade mit auf die Intensivstation gebracht, wenn ich es als Diabetiker einmal bis dorthin geschafft hätte. Und, glauben Sie mir, es hätte nicht viel gefehlt, denn ich bin im Sommer 2007 mehrere Tage lang ganz knapp an einem hyperosmolaren Koma vorbeigeschrammt. Beiden Damen wäre niemals der Gedanke gekommen, dass viele Krankheiten durch Zucker ausgelöst werden.

### 2. Ich verdränge die Bedrohung durch Zucker wider besseren Wissens.

Mein Vater weiß um die Gefahren einer falschen Ernährung. Aber er fühlt sich mit seinen Medikamenten gut eingestellt und kann sehr gut verdrängen. Da er seinen Diabetes gut im Griff hat, ist sein Risiko für diabetestypische Folgekrankheiten (Erblindung, Dialyse, Amputationen) genauso hoch wie das Risiko gesunder Menschen. Ob er durch Zuckerverzehr einmal Krebs bekommt, kann niemand vorhersagen. Ich wünsche ihm, dass er mit seiner Lebensführung mindestens 100 Jahre alt wird.

### 3. Seit ich keinen Zucker mehr mag, fühle ich mich sauwohl.

Ich persönlich weiß, wie es ist, zuckersüchtig zu sein, immer dicker zu werden und letzten Endes Diabetes zu bekommen. Aber ich weiß auch, wie es sich anfühlt, 25 Kilo Körpergewicht für immer zu verlieren, seinen Diabetes zu besiegen und sich einfach topfit zu fühlen. Genau das wünsche ich Ihnen auch. Keiner weiß, wie alt er mit gesunder Ernährung werden wird – und trotzdem ist ein zuckerfreies Leben viel schöner als ein Dasein als „Zucker-Süchtiger". Ein Leben ohne Zucker währt statistisch länger, aber vor allem schmeckt ein Leben ohne Zucker tausendmal besser! Zucker ist eine Beleidigung für jeden Geschmacksnerv. Ich kann nur für mich sprechen und überzeugt feststellen: Heute mag ich Zucker nicht mehr! Genau das sollten Sie in Zukunft auch von sich behaupten können.

*Heute mag ich Zucker nicht mehr! Genau das sollten Sie in Zukunft auch von sich behaupten können.*

# Wie wirkt Zucker und warum sollten Sie darauf verzichten?

## Infos über Zucker

### Warum brauchen wir Menschen überhaupt einen Blutzuckerspiegel?

Ohne Zucker im Blut zu leben, das geht nicht. Deswegen kann Ihr Körper selbst Zucker herstellen. Auch wenn Sie niemals Zucker essen, wird in Ihrem Blut Zucker umherschwimmen. Der gesunde Wert für den Blutzuckergehalt des Menschen beträgt 100 Milligramm Zucker pro 1 Deziliter Blutplasma. Das ist Ihr Blut ohne die Blutkörperchen. Ein Blutzuckerspiegel von 0 Milligramm pro Deziliter Blut (also Blut ganz ohne Zucker) ist nicht mit dem menschlichen Leben vereinbar. Sie würden sofort tot umfallen. Zucker muss deshalb immer in Ihrem Blut sein. Das gilt sowohl für Diabetiker als auch für gesunde Menschen.

*Die roten Blutkörperchen (Erythrozyten) machen die rote Farbe Ihres Blutes aus.*

Das Vorhandensein der roten Blutkörperchen ist der einzige Grund, warum Mutter Natur uns einen Blutzuckerspiegel geschenkt hat. Die roten Blutkörperchen (Erythrozyten) machen die rote Farbe Ihres Blutes aus. Ohne Erythrozyten wäre unser Blut eine recht klare Flüssigkeit. Erythrozyten werden in Ihrem Knochenmark gebildet, und sie verlieren bei der Reifung ein paar wichtige Zellorgane. Deswegen sind Erythrozyten nicht in der Lage, irgendetwas anderes als reinen Zucker als Energiequelle zu verwerten. Also muss immer Zucker in Ihrem Blut schwimmen, sonst würden die Erythrozyten absterben. Deshalb ist Ihr Körper in der Lage, selbst Zucker herzustellen. Selbst wenn Sie wochenlang nur Quellwasser zur Verfügung und nichts zu essen hätten, würde Ihr Körper Ihren Blutzuckerspiegel bei mindestens 60 Milligramm pro Deziliter halten. Diesen Effekt kennen sie unter dem Namen Glukoneogenese. Sie würden diese Hungerperiode überleben – zwar mit schlechter Laune, aber ohne bleibende körperliche Schäden.

Auch Ihr Gehirn benötigt zwingend Zucker für die Energiegewinnung (das ist der Grund, weshalb Schüler und Studenten häufig vor und während der Prüfungen Traubenzucker zu sich nehmen). Diese Aussage ist allerdings so nicht ganz richtig, denn nach etwa vier Tagen ohne jegliche Kalorienzufuhr schaltet Ihr Gehirn (wie übrigens auch der Rest Ihres Körpers) auf eine andere Form der Energiegewinnung um. Dann beginnt der sogenannte Ketonkörperkreislauf. Deswegen sind wir Menschen in der Lage, unser gesamtes Körperfett in Energie umzuwandeln, falls einmal Notzeiten herrschen.

### Das bedeuten die Zahlen auf einem Blutzuckermessgerät

Der Blutzuckerspiegel eines gesunden Menschen beträgt 100 Milligramm pro Deziliter. Das ist die Zahl, die Blutzuckermessgeräte anzeigen. Aber was heißt das eigentlich? Das bedeutet, dass in 1 Deziliter Blut genau 100 Milligramm Zucker aufgelöst sind. Wie viel Zucker schwimmt in Ihrem ganzen Körper, wenn Ihr Blutzucker korrekt bei 100 Milligramm pro Deziliter liegen würde? Die Lösung lautet: etwa 2,5 Gramm Zucker. Das ist kein ganzes Stück Würfelzucker! Mehr braucht Ihr Körper nicht!

*Der Blutzuckerspiegel eines gesunden Menschen beträgt 100 Milligramm pro Deziliter.*

Die rechnerische Lösung dazu lautet: Ein Mensch von 75 Kilogramm Gewicht hat 5 Liter Blut, davon ist die eine Hälfte Flüssigkeit und die andere Blutzellen. Der Blutzucker-Wert bezieht sich nur auf die flüssigen Bestandteile, also rechnen Sie mit 2,5 Litern Blut. Nun multiplizieren Sie 100 Milligramm Zucker mit dem Faktor 25 und kommen auf 2,5 Gramm Zucker. Das ist sehr wenig. Zum Vergleich: Stellen Sie sich vor, sie schütten ein einziges Stück Würfelzucker in 5 Liter Kaffee. Dann würde der Kaffee keineswegs süß schmecken. Doch diese geringe Menge an Zucker ist für uns Menschen gesund. Deswegen haben wir auch nur eine kleine Anzahl Beta-Zellen, die das Insulin herstellen. Insulin reguliert Ihren Blutzucker. Alle Beta-Zellen zusammen nehmen den Platz ein, den ein Kirschkern hätte.

Ein Organ so groß wie ein Kirschkern stellt also Ihr Insulin her, um Ihren Blutzucker bei 2,5 Gramm pro 5 Liter Blut zu halten.

Dieser Sachverhalt ist so ausführlich geschildert, damit Sie einsehen, dass Menschen von Mutter Natur aus nicht Unmengen an Zucker essen müssen. Sonst wird das „System" überfordert und gerät aus der Balance.

## Darum essen Sie so gerne Zucker

Wenn Sie Zucker essen, wird der Zucker über Ihren Darm ins Blut überführt. Über die Blutbahnen gelangt der Zucker in jeden Winkel Ihres Körpers – auch in Ihr Gehirn. Dort löst Zucker eine Ausschüttung des Hormons *Serotonin* aus. Serotonin ist ein Glückshormon. Wenn Sie Zucker zu sich nehmen, fühlen Sie sich für einen kleinen Moment wirklich glücklich.

Interessanterweise können Sie eine Serotonin-Ausschüttung auch durch Ausdauersport oder einen Orgasmus hervorrufen. Die Frauen haben es besonders schwer, denn das weibliche Gehirn ist für Serotonin besonders anfällig. Deswegen sind es vor allem die Frauen, die zu viel Zucker verzehren. Das große Problem beim Zuckerverzehr ist, dass unser Körper keine Obergrenze dafür kennt. Sie werden vom reinen Zuckerschlecken niemals satt und könnten prinzipiell unendlich viel Zucker essen. Wenigstens gilt diese Tatsache für Menschen, die keine Veranlagung für Diabetes haben.

> *Das große Problem beim Zuckerverzehr ist, dass unser Körper keine Obergrenze dafür kennt.*

Als Diabetiker können Sie nicht unendlich viel Zucker verzehren. Sie würden irgendwann in eine tiefe Ohnmacht fallen, das „hyperosmolare Koma". Zusätzlich problematisch dabei ist, dass Sie sich an den stetigen Zuckerkonsum gewöhnen. Ein guter Vergleich ist das Empfinden von Geschwindigkeit und Beschleunigung. Stellen Sie sich vor, Sie sitzen in einem Flugzeug, das bei besten Flugbedingungen 900 km/h erreicht. Sie merken nicht, dass Sie 900 km/h schnell sind. Es kommt ihnen so vor, als würden Sie stehen. Erst wenn der Pilot den Landeanflug einleitet und die Triebwerke drosselt, bemerken Sie die Geschwindigkeit. In diesem Moment bremsen Sie in der Luft und es wirkt so, als würden Sie in Ihrem Sitz nach vorne gedrückt. Nur beim Start des Flugzeugs spüren Sie, wie Sie von 0 auf 900 km/h beschleunigt werden. Es gibt nur das Gefühl für die Beschleunigung, Sie haben aber kein Gefühl für die reale Geschwindigkeit Ihres Körpers.

Genauso ist es mit Ihrem Zuckerkonsum. Wenn Sie den ganzen Tag Zucker zu sich nehmen, verschwindet Ihr Gefühl für Süßes. Sie brauchen erst einen ordentlichen Zuckerbolus, um wieder das Erlebnis einer Süßung zu erreichen. „Versüßte" Menschen empfinden zum Beispiel einen klebrigen Bubble-Tea mit 60 Stück Würfelzucker ebenso süß wie ich eine reife Orange.

*Zucker ist kein vollwertiges Lebensmittel. Im Gegenteil: Ihr Körper braucht Zucker nicht.*

Für Fett und Eiweiß in der Nahrung hingegen haben Menschen eine angeborene Obergrenze, die toleriert wird. Sie schaffen es beim besten Willen nicht, eine Flasche Olivenöl auszutrinken, ohne dass Ihnen davon schlecht würde.

### Zucker ist ein leeres Versprechen

In Zucker steckt nichts weiter als reine Energie. Er enthält keine Vitamine und keinerlei Mineralstoffe. Hätten Sie auf einer einsamen Insel nur Quellwasser und Zucker zur Verfügung, würden Sie nach ein paar Monaten sterben. Zucker ist kein vollwertiges Lebensmittel. Im Gegenteil: Ihr Körper braucht Zucker nicht. Es gibt keine Zellfunktion, die in Ihrem Körper besser ablaufen würde, wenn Sie Zucker äßen. Zucker ist vollkommen sinnlos, außer dass er Ihre Speisen süßt.

## Ein genauer Blick auf die Bestandteile unserer Nahrung

Andere Nahrungsbestandteile hingegen sind sehr wichtig. Vor allem „gutes" Fett wird immer wieder unterschätzt. Die folgenden stichwortartigen Informationen über die Bestandteile unserer Nahrung sollten Sie kennen:

### Kohlenhydrate

Kohlenhydrate stecken in Nudeln, Brot, Kartoffeln, Kuchen, Schokolade und Reis. Kohlenhydrate werden von der Leber zu Zucker abgebaut. Sie sind der bedeutendste Energiespender unserer Nahrung. Da Ihr Körper Zucker auch aus Eiweiß herstellen kann, ist eine kohlenhydratfreie Ernährung möglich. Kohlenhydrate sind heutzutage die Energiequelle schlechthin für unser Überleben. Sie sind billig und in Massen verfügbar. Es gibt Kohlenhydrate, die relativ langsam in Ihren Stoffwechsel gelangen. Dazu zählen Vollkornprodukte, Obst und gekochte Kartoffeln. Sie sättigen lange und heben Ihren Blutzuckerspiegel relativ gering an. Mit diesen „guten" Kohlenhydraten bleiben Sie schlank. Auf der anderen Seite gibt es die schnell resorbierbaren Kohlenhydrate. Sie machen nicht satt, und Sie nehmen zu. Dazu zählen Zucker, Auszugsmehle, Fruchtsäfte und Bratkartoffeln oder Pommes. Für Ihren Organismus macht es übrigens keinen Unterschied, ob Sie puren Zucker löffeln oder Backwaren aus weißem Mehl essen. Ihre Leber merkt keinen Unterschied. Deswegen können Sie weißes Mehl wie Zucker werten.

*Es gibt schnell resorbierbare Kohlenhydrate. Sie machen nicht satt, und Sie nehmen zu.*

### Eiweiß

Eiweiße werden auch Proteine genannt. Sie können aus tierischer Quelle wie Fleisch, Fisch oder Eier und pflanzlicher Quelle wie Soja oder Bohnen stammen. Ihr Körper benötigt Eiweiße für die Muskeln und den generellen Aufbau Ihrer Zellen. Eiweiß ist ein Energiespender. Ohne Eiweißaufnahme kann der Mensch nicht überleben. Der Fachausdruck dafür heißt „essenzielle Aminosäuren".

### Fette

Fette sind Energiespender und bringen lebenswichtige Vitamine in den Körper. Es gibt tierische und pflanzliche Fette. Sie sind ein wichtiger Geschmacksträger in unserer Nahrung. Gutes Olivenöl ist ein geradezu perfektes Fett. Ohne die Aufnahme von Fett stirbt der Mensch. Der Fachausdruck dafür heißt „essenzielle Fettsäuren".

### Vitamine

Vitamine kann Ihr Körper nicht selbst herstellen. Sie sind lebensnotwendig. In gesunder Mischkost sind im Regelfall genügend Vitamine enthalten. Sie brauchen keine Vitaminpräparate, wenn Sie sich gesund ernähren. Bekannte Vitamine sind die Vitamine C, A, E und $B_{12}$.

### Spurenelemente

Spurenelemente sind lebenswichtig. Sie kennen wahrscheinlich Kupfer, Eisen und Selen. Einige Spurenelemente müssen in verschwindend geringer Menge zugeführt werden, sodass schon das Atmen normal verstaubter Umgebungsluft dazu ausreicht. Der bekannteste Mangel an Spurenelementen betrifft das Eisen.

### Wasser

Wir Menschen brauchen zwingend Wasser. Ohne Wasser kann der Mensch nur vier Tage überleben.

### Ballaststoffe

Ballaststoffe sind Fasern in pflanzlicher Kost, die Ihr Körper nicht verwerten kann. Sie verbleiben im Darm und führen zu einer verbesserten Ausscheidung. Insofern sind Ballaststoffe nicht lebensnotwendig, aber sehr hilfreich. Gemüse hat viel mehr Ballaststoffe als Vollkorngetreide-Produkte. Wenn Sie wirklich viel Gemüse essen, nehmen Sie nicht nur unzählige Vitalstoffe in Ihren Körper auf, sondern werden auch selten bis nie an Verstopfung leiden.

*Gemüse hat viel mehr Ballaststoffe als Vollkorngetreide-Produkte.*

## Jede Zeit hat ihre Probleme

Wenn wir uns die Geschichte der Menschheit anschauen, leben wir heute in nahezu paradiesischen Zuständen. Deutschland ist eines der reichsten Länder auf diesem Planeten, noch dazu liegt es in einer geologisch sehr sicheren Region. Naturkatastrophen wie Erdbeben, Tsunamis oder Vulkanausbrüche sind uns völlig fremd. Das Klima ist uns wohlgesonnen. Überall, wohin Sie schauen, grünt und blüht es. Der ganz normale Alltag der Deutschen ist seit dem Jahr 1945 friedlich und geradezu langweilig geordnet. Wilde Tiere gibt es bei uns nicht mehr, seit die Menschen sie im Mittelalter ausgerottet haben. Noch vor 120 Jahren wüteten in deutschen Großstädten immer wieder schlimme Krankheitsepidemien, wie zum Beispiel die Cholera im Jahre 1892 in Hamburg. Gehen wir noch weiter in der Geschichte Deutschlands zurück, gab es einige schlimme Hungerperioden, die zur Auswanderung von Millionen von Menschen führten. Doch auch in der heutigen Zeit haben wir unsere Probleme, sie sind nur nicht so plakativ problematisch wie in früheren Zeiten. Das Problem der heutigen Zeit sind die Zivilisationskrankheiten. Und Zucker löst viele Zivilisationskrankheiten aus.

*Das Problem der heutigen Zeit sind die Zivilisationskrankheiten. Und Zucker löst viele Zivilisationskrankheiten aus.*

### Gut zu wissen

Umweltgifte, ungesunde Ernährung, Stress und Bewegungsmangel führen zu Zivilisationskrankheiten. Sie haben es selbst in der Hand, einiges dafür tun, dass Sie dauerhaft gesund bleiben.

## Was lässt Sie lange leben?

Es gilt heute unter Wissenschaftlern als eine ausgemachte Tatsache, dass der Mensch maximal 120 Jahre alt werden kann. Diese Grenze scheint in unseren Genen verankert zu sein. Sie haben sicherlich auch schon in der Presse Meldungen über sehr alte Menschen gelesen. Immer wieder fällt auf, dass diese Menschen ein Patentrezept haben, wie sie so alt werden konnten:

„Ich habe jeden Tag einen Schnaps getrunken."
„Ich habe nie Schnaps getrunken."
„Ich esse viel Fisch."
„Ich mag Fisch nicht."

Solche Einzelschicksale können Sie nie heranziehen, wenn Sie konkrete Handlungsgrundlagen erstellen wollen. Medizinisch korrekt wäre zum

Beispiel der Doppelblind-Versuch. Das heißt, dass zwei genetisch identische Personen (eineiige Zwillinge) mit derselben Krankheit einmal korrekt therapiert werden und einmal nur ein Placebo erhalten. Selbst der behandelnde Arzt darf nicht wissen, ob er ein Medikament oder ein Placebo gibt, denn schon das beeinflusst die Ergebnisse.

*Vor allem unsere Psyche hat extreme Auswirkungen auf unser Leben – ganz im Gegensatz zu den Tieren.*

Doch der Doppelblind-Versuch gilt in der Medizin als unethisch und zudem praktisch unmöglich zu bewerkstelligen. Tierversuche helfen uns auch nicht wirklich weiter. Denn obwohl alle Säugetiere im Großen und Ganzen denselben Lebenswahrheiten unterliegen, sind wir Menschen doch recht speziell. Vor allem unsere Psyche hat extreme Auswirkungen auf unser Leben – ganz im Gegensatz zu den Tieren. Am Ende bleiben nur die statistischen Erkenntnisse, dass manche Gesellschaften deutlich älter werden als andere. Nehmen wir an, dass auf einer abgelegenen kleinen japanischen Insel sehr viele Über-100-Jährige leben. Dann können Sie Rückschlüsse darauf ziehen, was diese Menschen hat alt werden lassen. Wenn diese Menschen sich stets von weißem Reis, Olivenöl und frischem Fisch ernährt hätten, sind weißer Reis, Olivenöl und frischer Fisch nicht schädlich für Menschen.

Fast immer zeigt sich, dass sehr alte Menschen wenig bis gar keinen Stress hatten und ein sehr ruhiges, bescheidenes Leben geführt haben. Ein fester Tagesablauf hilft Ihnen statistisch gesehen tatsächlich, dass Sie alt werden können. Männer leben länger, wenn sie sich rasieren.

*Männer leben länger, wenn sie sich rasieren.*

Wir alle wissen, dass es keinerlei Auswirkungen auf Ihre Gesundheit hat, ob Sie einen Bart tragen oder nicht. Des Rätsels Lösung ist, dass Männer, die sich täglich rasieren, ihr Leben generell geordneter und konstanter angehen. Schon Ihr gesunder Menschenverstand lässt Sie einige statistische Fakten begreifen. Und Sie finden nicht eine wissenschaftliche Studie, die besagt, dass Menschen alt werden, wenn Sie viel Zucker essen.

## Die Medizin wird Ihnen nicht helfen

Bis zum heutigen Tag werden die Deutschen immer älter. Anfang des 20. Jahrhunderts betrug die Lebenserwartung eines Mannes 45 und einer Frau 48 Jahre. Im Jahr 2010 galten Werte von 78 bzw. 83 Jahren. Viele Menschen glauben, dass die Steigerung der durchschnittlichen Lebenserwartung in Deutschland in den letzten Jahrzehnten den Fortschritten der Medizin zu verdanken sei. Dem ist nicht so. Die Medizin ist nicht hauptsächlich daran beteiligt, dass wir länger leben. Wenn überhaupt, wirkt sich eine bessere Notfall-Versorgung der kleinen Kinder auf die rechnerische Lebenserwartung einer Gesellschaft aus (Blinddarmoperationen, Antibiotika bei Kinderkrankheiten).

*Eine bessere Hygiene führt immer zu einer verminderten Sterblichkeit kleiner Kinder.*

Einen viel wesentlicheren Beitrag haben die verbesserten hygienischen Maßnahmen beigetragen. An erster Stelle ist hier die Versorgung der Menschen mit sauberem Trinkwasser zu nennen. Eine bessere Hygiene führt immer zu einer verminderten Sterblichkeit kleiner Kinder. Und die Kindersterblichkeit hat extreme Auswirkungen auf die Lebenserwartung einer Gesellschaft. Weitere wichtige Faktoren sind die Abwesenheit von Kriegen und der Reichtum einer Gesellschaft.

> **Das folgende Rechenexempel macht diese Zusammenhänge deutlich:**
>
> Zwei Gesellschaften A und B bestehen aus jeweils 100 Personen. In Gesellschaft A sterben zehn Babys schon im Säuglingsalter mit drei Monaten. Dann sterben noch fünf Kinder mit sieben Jahren. Alle anderen Mitglieder der Gesellschaft A werden 75 Jahre alt. In Gesellschaft B sterben nur ein Baby und ein Kind. Alle anderen Mitglieder werden 70 Jahre alt.

Wenn Sie sich als mathematischer Laie die beiden Gesellschaften A und B anschauen, würden Sie „aus dem Bauch heraus" sagen, dass die Menschen in Gesellschaft A älter werden als in Gesellschaft B. Doch mathematisch wirkt sich die Säuglings- und Kindersterblichkeit ganz extrem aus. Die Menschen in Gesellschaft A werden statistisch 64 Jahre alt, während sie in Gesellschaft B eine Lebenserwartung von 68,5 Jahren haben.

## Große medizinische Fortschritte helfen nicht bei ungesunder Lebensweise

Unbestritten ist, dass die Medizin in den letzten Jahrzehnten ganz große Fortschritte darin gemacht hat, sehr schwer kranken Menschen ein längeres Leben zu ermöglichen. Ich denke hier an die Fortschritte der Unfallchirurgie und der Dialyse. Schon bei der Therapie von Krebskrankheiten sieht die Sache nicht mehr so eindeutig aus. Dabei muss man keine Studienergebnisse zitieren. Wenn ich in mein direktes familiäres und kollegiales Umfeld schaue, sind bereits knapp die Hälfte der jungen Menschen, die Krebserkrankungen erlitten haben, verstorben. Davon lautete bei allein fünf jungen Frauen aus meinem Bekanntenkreis die Todesursache Brustkrebs. Und das, obwohl wir seit Jahrzehnten Milliarden Euro in die Krebsforschung pumpen.

*Mit etwas Glück schafft meine Generation als letzte, dass sie statistisch gesehen älter wird als die Generation meiner Eltern.*

Sie sehen, mit der Medizin ist das so eine Sache. Das große Problem der heutigen Zeit ist, dass wir die mühsam gewonnenen Fortschritte der Medizin leichtfertig verspielen, weil die Menschen heutzutage so ungesund leben. Übergewicht und Bewegungsmangel sind hier zwei ganz große Themen. Unter Internisten kursiert bereits der Sinnspruch „Sitzen ist das neue Rauchen". Wenn es die Mediziner also schaffen würden, die Deutschen davon zu überzeugen, dass sie 4 Prozent ihres Körpergewichts verlieren würden, wäre das ein massiver Sprung nach vorne für die deutsche Volksgesundheit. Mit etwas Glück schafft meine Generation als letzte, dass sie statistisch gesehen älter wird als die Generation ihrer Eltern. Doch die heutigen Babys werden im Durchschnitt eher sterben als meine Generation. Woher kommt dieser einmalige Wandel der Lebenserwartung? Es liegt an den sogenannten Zivilisationskrankheiten, hauptsächlich an der Ernährung und am Bewegungsmangel. Die Frage lautet also: „Was ist anders an der heutigen Ernährung als an der Ernährung unserer Großeltern?" Das ist ganz klar der hemmungslose Einsatz von Zucker und Chemie in unseren Nahrungsmitteln.

## Aber wir haben doch so ein teures Gesundheitssystem!

Es ist eine Tatsache, dass die Deutschen sehr viel Geld für ihr Gesundheitssystem ausgeben. Vielleicht gilt für viele deutsche Bürger einfach die Wahrheit, dass sie mehr in die Gesundheitskassen einzahlen müssen, als sie an Mietkosten haben. Doch das deutsche Gesundheitssystem ist in erster Linie nicht dazu da, Gesundheit zu schaffen. Ein paar Beispiele machen das deutlich:

1. Vielleicht gehen auch Sie erst zum Arzt, wenn Sie wirklich krank sind. Je älter Sie aber werden, desto unwahrscheinlicher ist es, dass Ihr Arzt Sie wieder komplett gesund machen kann. Denn chronische Krankheiten sind auch heutzutage noch chronische Krankheiten. Bestenfalls kann Ihr Arzt Ihren chronischen Krankheitsverlauf ein bisschen hinauszögern, sodass Sie noch ein paar gute Jahre zu leben haben.

> *Mehr als 20.000 Menschen sterben in Deutschland jährlich allein deshalb, weil sie ein Krankenhaus besucht haben.*

2. Mehr als 20.000 Menschen sterben in Deutschland jährlich allein deshalb, weil sie ein Krankenhaus besucht haben und dort mit den *nosokomialen* Keimen Bekanntschaft gemacht haben. Dabei handelt es sich um Bakterien, die nur in Krankenhäusern zu finden sind.

3. Viele Ärzte klagen, dass ihre Arbeit nur noch zu 20 Prozent von rein ärztlicher Tätigkeit bestimmt ist und 80 Prozent der täglichen Arbeitsleistung für irgendwelchen Organisationskram draufgehen.

Haben Sie sich schon mal überlegt, was eigentlich mit Ihrem Geld passiert, das Sie in das Gesundheitssystem einzahlen? Einige Fragen dazu stehen offen:

- Warum werden Menschen, die am Krankenbett „Schwerstarbeit" verrichten, so schlecht bezahlt?
- Warum stehen in jedem kleinsten Krankenhaus heutzutage so viele sündhaft teure medizinische Untersuchungsapparate?
- Wussten Sie, dass gestandene Chefärzte Stein und Bein schwören, dass sie mindestens 95 % aller Diagnosen korrekt stellen könnten: nur mithilfe ihrer fünf Sinne, eines Stethoskops, eines EKG-Geräts, einer Blutabnahme und eines ausführlichen Patientengesprächs?
- Sind uns die ganzen Hightech-Untersuchungsgeräte Milliarden Euro wert für 5 % zusätzliche Diagnosen?
- Was würde passieren, wenn die Krankenkassen für eine erbrachte medizinische Leistung den einfachen Satz an Vergütung bezahlen würden, aber sie würden den Ärzten den 1,5-fachen Satz fürs Abwarten geben? „Frau Mustermann, wir warten mal ab. Ich glaube, Ihre Beschwerden werden in sechs Wochen von allein wieder verschwinden." Wahrscheinlich würde in Deutschland die Mehrzahl der Patienten wieder nach Hause geschickt.
- Wussten Sie, dass kritische Stimmen davon sprechen, dass in Deutschland bis zu 40 % unnütze Operationen durchgeführt werden? Aus eigener Erfahrung weiß ich, dass die Chirurgen sich vor jedem Eingriff die Frage stellen müssten: „Würde ich diese Operation meiner Oma auch antun?" Dann würde viel weniger operiert in Deutschland.

*Sie müssen sich also selbst um Ihre Gesundheit kümmern.*

Sie müssen sich also selbst um Ihre Gesundheit kümmern. Alle großen Studien der Weltgesundheitsorganisation beweisen, dass statistisch die folgenden Maßnahmen lebensverlängernd sind:

- wenig bis kein Zucker
- wenig bis kein Alkohol
- gar kein Nikotin
- viel Bewegung
- relativ schlank bleiben
- Stress vermeiden

## Moderne Zeiten

Die heutige Lebensweise scheint nicht so ausgerichtet zu sein, dass sie dauerhaft glücklich macht und gesund leben lässt. Eigentlich dürften Sie weder fernsehen noch Auto fahren. Beides hemmt Ihren Bewegungsdrang und vor allem Ihre soziale Kompetenz.

Ähnliches gilt für elektronische Geräte. Sie machen träge, fördern die Bequemlichkeit und sorgen für eine unnatürliche Körperhaltung. Außerdem verschiebt elektrisches Licht Ihren normalen Tag- und Nachtrhythmus. Das ständige Aufstehen mit Wecker in finsterer Nacht ist nicht im Sinne der Natur. Kein anderes Lebewesen unterbricht freiwillig seinen Schlafrhythmus. Ebenso führt die ständige Erreichbarkeit durch Telefon und Computer zu einer anstrengenden, unentspannten Lebensweise. Jeder ist jederzeit überall erreichbar.

> *Das ständige Aufstehen mit Wecker in finsterer Nacht ist nicht im Sinne der Natur.*

Gäbe es elektrischen Strom nicht, würden die Menschen natürliche Nahrungsmittel verzehren, Wasser trinken, in dörflichen Gemeinschaften von höchstens 100 Personen zusammenleben sowie am Abend zusammen essen und feiern. Interessanterweise haben sich einige dieser ganz archaischen Muster bis in die heutige Zeit hinübergerettet. Auch Menschen, die dank modernster Medien völlig vernetzt sind, haben meist nicht mehr als 100 Kontakte im Telefonbuch ihres Handys. Das ist kein Zufall. Eine Gruppe von 100 Personen schafft Ihr Gehirn zu überblicken und zu verstehen.

## Der unbedingte Wille, gesund zu leben, muss in Ihnen entstehen

Eine Änderung Ihrer Lebensgewohnheiten kann niemals von oben herab diktiert werden. Keine Regierung, keine Behörde, keine Religion, keine Ärzteschaft wird es jemals schaffen, für Sie eine bessere Gesundheit anzuordnen. Das müssen Sie selbst tun – auch wenn es Ihnen schwerfällt. In den USA der 1920er Jahre gab es Bemühungen, dass die Bürger weniger Alkohol trinken sollten. Das war die Zeit der Prohibition. Dieses Experiment ist grandios gescheitert. Die Menschen haben natürlich illegal Alkohol hergestellt und geschmuggelt. Die Prohibition war von der Regierung gut gedacht, doch letzten Endes hat sie nur den kometenhaften Aufstieg von Gangsterorganisationen beschleunigt. Bezüglich Ihrer Gesundheit gilt das Zitat des Sängers Michael Jackson, der in einem seiner Lieder gesungen hat: „I'm starting with the man in the mirrow." Das Lied handelt von notwendigen Veränderungen, und der englische Titel heißt übersetzt: „ Ich fange mit der Person im Spiegel an." Wenn Sie etwas für Ihre Gesundheit tun wollen, müssen Sie ganz für sich allein anfangen.

*Wenn Sie etwas für Ihre Gesundheit tun wollen, müssen Sie ganz für sich allein anfangen.*

## Meine Geschichte als Diabetiker

Als ich in meinem 40. Lebensjahr Diabetiker wurde, hat sich meine Krankenkasse überhaupt nicht dafür interessiert. Die Erstdiagnose „Diabetes Typ II" kommt mit 40 Jahren wirklich zu früh. Dem Sachbearbeiter der Krankenkasse hätte sofort klar sein müssen, dass ich seiner Kasse in Zukunft Unsummen für die Therapie meines Diabetes kosten würde. Doch meine Krankenkasse hat mir noch nicht mal eine kleine Broschüre geschickt, in der die groben Zusammenhänge dieser Krankheit dargelegt werden. Der kurze Satz „Wenn Sie es schaffen, 10 Kilo abzunehmen, sollten Ihre Blutwerte wieder normal sein" hätte mir schon gereicht.

Noch schlimmer war meine persönliche Erfahrung beim Diabetologen. Bei der Erstdiagnose einer Diabetes-Erkrankung muss ein Diabetologe herausfinden, welcher Typ Diabetes vorliegt. Die Unterscheidung in Typ I, Typ II, MODY oder LADA macht einen ganz großen Unterschied in der Wahl der Therapie. Ich gab dem Diabetologen zu verstehen, dass ich interessiert und reflektiert bei der Sache sei: „Ich habe studiert. Bitte sagen Sie mir einfach die Wahrheit, Sie müssen nicht um den heißen Brei herumreden." Bis zu diesem Moment hatte er eine Art Baby-Sprache benutzt, mit der dreijährige Kinder in der Kita sich verständigen. Von diesem Moment an benutzte der Diabetologe unfassbar viele komplizierte Fremdwörter, dass selbst ich nicht mehr in der Lage war, seinen Ausführungen zu folgen. Leider wird bis zum heutigen Tag kommunikative Kompetenz nicht an den Universitäten gelehrt. Nachdem der Diabetologe mit seinem Vortrag fertig war, hatte ich als einziges Detail verstanden, dass ich Typ-II-Diabetes hatte. Er bat mich zu seiner Diätassistentin, die mir einige Tipps zu meiner Ernährung geben sollte.

> *„Wenn Sie es schaffen, 10 Kilo abzunehmen, sollten Ihre Blutwerte wieder normal sein."*

Ich bitte Sie, meine Situation zu rekapitulieren. Da sitzt ein 40-jähriger Mann mit einigen Dutzend Kilos zu viel auf den Rippen und hat Diabetes Typ II. Diabetes Typ II können Sie heilen, wenn Sie Körpergewicht verlieren. Niemand wusste, dass ich Arzt bin. Ich protze damit generell nicht herum, und auf meiner Versichertenkarte ist mein Doktortitel nicht eingetragen. Der Diabetologe hat mit keiner Silbe erwähnt, dass ich eventuell etwas an meiner Ernährung ändern sollte. Meiner Krankenkasse ist der Diabetes ebenfalls egal. Und dann kam wie angekündigt die Diätassistentin. Sie wog gut und gerne 110 Kilo und blieb bei der Verabschiedung mit ihren Hüften in ihrem Freischwinger-Sessel klemmen.

Ich habe absolut nichts gegen übergewichtige Menschen und schildere diese Szene nicht, um mich über diese Frau lustig zu machen. Jedoch gebe ich zu, dass ich von einer Diätassistentin erwarte, dass sie selbst mit gutem Beispiel vorangeht und zumindest ein bisschen auf ihre Figur achtet. Wenn ich in einer Bank bedient werde, erwarte ich, dass der Kundenberater in einem Anzug dasteht und rasiert ist. Und wenn ich in ein teures Modehaus gehe, finde ich es vorteilhaft, wenn die Angestellten selbst adrett angezogen sind.

Jedenfalls gab mir die Diätassistentin eine Broschüre mit dem Titel „So viel Insulin müssen Sie als Diabetiker spritzen". Sie schlug die Broschüre auf, und auf der ersten Seite fanden sich sämtliche Produkte eines großen amerikanischen Fastfood-Konzerns. Ganz oben begann die Liste mit kleinen Pommes, und unten endete die Auflistung mit dem großen XXL-Menü samt Nachtisch und Softdrink. „Spritzen Sie 15 bis 20 Einheiten Insulin, wenn Sie das große XXL-Menü mit Nachtisch und Softdrink verzehren möchten." In der ganzen Broschüre stand nicht mit einer Silbe erwähnt, dass Sie von Ihrem Diabetes Typ II wegkommen, wenn Sie Gewicht verlieren. Und wie wir alle wissen, ist ein XXL-Menü mit Nachtisch und Softdrink Ihren Abspeck-Bemühungen nicht gerade zuträglich. Doch meine Irrfahrt als Neu-Diabetiker war noch nicht zu Ende. Ich musste zum ersten Mal in meinem Leben selbst in eine Apotheke gehen und Insulin kaufen. Wieder habe ich mich dumm gestellt:

*In der ganzen Broschüre stand nicht mit einer Silbe erwähnt, dass Sie von Ihrem Diabetes Typ II wegkommen, wenn Sie Gewicht verlieren.*

Ich: „Hallo, ich bin Neu-Diabetiker. Da ist mein Rezept für Insulin. Was muss ich denn jetzt so tun?"
Der Apotheker: „Typ I oder II?"
Ich: „Typ II."
Der Apotheker: „Wie war denn Ihr HbA1c?"
Ich: „14,1 Prozent."
Der Apotheker: „Na, dann haben Sie das aber auch nicht erst seit gestern!"

Er schickte mich nach Hause mit meinem Insulin und der Erkenntnis, dass ich nicht erst seit gestern Diabetes habe. Ich muss es noch einmal ganz klar sagen: Weder meine Krankenkasse noch der Diabetologe noch die Diätassistentin und auch nicht mein Apotheker haben mit einer Silbe erwähnt, dass Typ-II-Diabetes verschwindet, wenn ich meine Ernährung umstellen und ein bisschen Gewicht verlieren würde. Wenn ich nicht selbst Arzt wäre, hätte ich das nicht gewusst und würde heute fleißig Medikamente schlucken. All diese Personen hätten mich ins offene Messer laufen lassen. Für mich war klar: In puncto Zucker und Zuckerkrankheit liegt in Deutschland einiges im Argen.

## Zucker macht Sie dick und krank

Wenn Sie Zucker essen, hat Ihr Körper nur zwei Möglichkeiten: Entweder Sie müssen direkt nach der Zuckerbombe extrem viel Sport treiben, um die Energie des Zuckers sofort zu verbrennen, oder Ihr Körper wird die Kalorien des Zuckers in Fett umwandeln und unter Ihrer Haut speichern. Zucker macht dick. Doch das ist nicht das größte Problem. Zucker belastet Ihren Darm und Ihre Leber. Beide Organe können ihre eigentlichen Aufgaben nicht ausführen – es kommt in Ihrem Körper zu massiven biochemischen Mängeln. Besonders im Immunsystem. Wenn Sie zu den Menschen gehören, die jahrelang an unerklärlichen Entzündungen, Infektionen und Pilzkrankungen litten oder leiden, werden Sie geradezu aufblühen, wenn Sie konsequent auf Zucker verzichten. Diabetes ist eine Krankheit, die ganz unmittelbar mit Ihrem Zuckerkonsum verknüpft ist. Diabetes wird im Volksmund als Zuckerkrankheit bezeichnet. Für einen Diabetiker ist jedes einzelne Körnchen weißen Haushaltszuckers nichts anderes als ein Körnchen Gift.

*Zucker macht dick. Doch das ist nicht das größte Problem.*

In den letzten Jahren haben die Wissenschaftler immer mehr Krankheiten aufgelistet, bei denen sie einen direkten Zusammenhang zum Zuckerkonsum vermuten. Zu nennen wären beispielsweise Krebs, Alzheimer, Diabetes und Pilzinfektionen. In dieser Aufzählung darf Karies nicht vergessen werden. Sie zerstören Ihre Zähne, wenn Sie Zucker essen. Ich selbst kann ein Lied davon singen. Als Kind habe ich wie gesagt ausschließlich Limonade und Cola getrunken sowie jeden Tag eine Tafel Schokolade gegessen. Wenn es Kuchen gab, habe ich mindestens vier Stücke davon verdrückt. Meine Mutter hat nie hinterfragt, warum ich als Kind andauernd zum Zahnarzt musste. Alle meine

Milchzähne hatten Karies. Nicht viel besser sieht mein bleibendes Gebiss aus. Bis auf meine Schneidezähne habe ich heute in jedem Zahn eine Plombe.

## Darum ist Zucker schlecht für Sie

Wissenschaftler schreiben dem Verzehr von Haushaltszucker die Entstehung folgender Krankheiten zu: Diabetes, Alzheimer, Krebs, Parodontose, Adipositas, Fettleber, Leberschäden, Depression, Bluthochdruck, Schlaganfall, Müdigkeit, Antriebslosigkeit, Blähungen, Durchfall, Verstopfung, Haarausfall, Hautkrankheiten, Pilzbefall, Menstruationsbeschwerden, Migräne, Nervosität, Schlafstörungen, Karies und Konzentrationsschwäche. Warum genau Zucker Ihre Gesundheit schädigt, ist noch nicht bekannt. Es muss einen Mechanismus geben, der allerdings noch im Dunkeln liegt. Es gibt zahlreiche Studien, die den krank machenden Effekt von Zucker belegen.

### Alzheimer:

**Glucose Levels and Risk of Dementia.** Paul K. Crane, M.D., M.P.H., Rod Walker, M.S., Rebecca A. Hubbard, Ph.D., Ge Li, M.D., Ph.D., David M. Nathan, M.D., Hui Zheng, Ph.D., Sebastien Haneuse, Ph.D.

### Alzheimer und Diabetes Typ II:

**Avoiding Harmful Byproducts of Heat-Processed Foods Protects Against Risk of Alzheimer's Disease and Diabetes.** Vlassara et al., Division of Experimental Diabetes and Aging, Brookdale Department of Geriatrics at Mount Sinai

### Diabetes allgemein:

**Quantity of sugar in food supply linked to diabetes rates.**
Sanjay Basu, Stanford University

### Migräne:

**Hyperinsulinaemia in migraineurs is associated with nitric oxide stress.**
Gruber, Bernecker, Pailer, Fauler et al.

## Diabetes Typ II:
A Prospective Study of Sugar Intake and Risk of Type 2 Diabetes in Women. Sok-Ja Janket, JoAnn E. Manson, Howard Sesso, Julie E. Buring, Simin Liu

## Herzinfarkt:
Added Sugar Intake and Cardiovascular Diseases Mortality Among US Adults. Quanhe Yang; Zefeng Zhang; Edward W. Gregg; W. Dana Flanders; Robert Merritt; Frank B. Hu

## Einschränkungen der Gehirnfunktionen:
This is your brain on sugar: UCLA study shows high-fructose diet sabotages learning, memory. The UCLA Department of Neurosurgery

## Herzkrankheiten allgemein:
Eating too much added sugar increases the risk of dying with heart disease. Julie Corliss, Executive Editor, Harvard Heart Letter 2014

## Karies:
Turku sugar studies. V. Final report on the effect of sucrose, fructose and xylitol diets on the caries incidence in man. Scheinin A, Mäkinen KK, Ylitalo K

## Krebs:
Increased sugar uptake promotes oncogenesis via EPAC/RAP1 and O-GlcNAc pathways. Yasuhito Onodera, Jin-Min Nam, Mina Bissel

## Verstopfung der Herzkranzarterien:
Sugar and Cardiovascular Disease. A Statement for Healthcare Professionals From the Committee on Nutrition of the Council on Nutrition, Physical Activity, and Metabolism of the American Heart Association.
Barbara V. Howard, PhD, Judith Wylie-Rosett, RD, EdD

## 122 Wege, wie raffinierter Zucker Ihre Gesundheit ruinieren kann

Die folgende Aufzählung zeigt Ihnen, was der Zuckerkonsum in Ihrem Körper so alles auslösen kann. Insgesamt machen Ihnen die 122 Punkte deutlich, dass es kaum etwas im Zusammenhang mit Ihrer Gesundheit gibt, das nicht negativ durch Zucker beeinflusst wird. *Quelle: www.cmsgh.org*

| | |
|---|---|
| 1. | Zucker kann Ihr Immunsystem unterdrücken. |
| 2. | Zucker bringt Ihren Mineralstoffhaushalt durcheinander. |
| 3. | Zucker kann Hyperaktivität, Beklemmungen, Konzentrationsprobleme und Launenhaftigkeit bei Kindern auslösen. |
| 4. | Zucker kann dazu beitragen, dass Ihr Triglycerid-Spiegel steigt. |
| 5. | Zucker kann dazu beitragen, dass sich Ihre körpereigene Abwehr gegen Bakterien verschlechtert. |
| 6. | Zucker verursacht den Verlust von Elastizität in Ihrem Körpergewebe. |
| 7. | Zucker sorgt für die Reduzierung von High-Density-Lipoproteinen. |
| 8. | Zucker führt zu Chrommangel. |
| 9. | Zucker führt zu Brust-, Gebärmutter-, Prostata- und Dickdarmkrebs. |
| 10. | Zucker kann den Glukosespiegel während des Fastens erhöhen. |
| 11. | Zucker führt zu Kupfermangel. |
| 12. | Zucker stört die Aufnahme von Kalzium und Magnesium. |
| 13. | Zucker kann Ihre Sehkraft schwächen. |
| 14. | Zucker hebt den Pegel der Neurotransmitter Dopamin, Serotonin und Noradrenalin. |
| 15. | Zucker kann eine Hypoglykämie verursachen. |
| 16. | Zucker kann einen übersäuerten Magen-Darm-Trakt verursachen. |
| 17. | Zucker kann bei Kindern einen zu schnellen Anstieg von Adrenalin bewirken. |

| | |
|---|---|
| 18. | Zucker kann Darmträgheit hervorrufen. |
| 19. | Zucker kann vorzeitiges Altern verursachen. |
| 20. | Zucker kann zu Alkoholkrankheiten führen. |
| 21. | Zucker kann zu Zahnverfall führen. |
| 22. | Zucker trägt zu Fettleibigkeit bei. |
| 23. | Zucker erhöht das Risiko für Morbus Crohn und Colitis ulcerosa. |
| 24. | Zucker kann Veränderungen hervorrufen, wie sie häufig bei Menschen mit Magen-Darm-Krebs gefunden werden. |
| 25. | Zucker kann Arthritis verursachen. |
| 26. | Zucker kann Asthma verursachen. |
| 27. | Zucker führt zu Hefepilzinfektionen. |
| 28. | Zucker kann Gallensteine verursachen. |
| 29. | Zucker kann eine Herzkrankheit verursachen. |
| 30. | Zucker kann eine Blinddarmentzündung hervorrufen. |
| 31. | Zucker kann eine Multiple Sklerose verursachen. |
| 32. | Zucker kann Hämorrhoiden hervorrufen. |
| 33. | Zucker kann Krampfadern verursachen. |
| 34. | Zucker kann das Glukose- und das Insulinlevel bei Frauen anheben, die die Anti-Baby-Pille nehmen. |
| 35. | Zucker kann zu Parodontose führen. |
| 36. | Zucker kann zu Osteoporose beitragen. |
| 37. | Zucker trägt zur Übersäuerung des Speichels bei. |
| 38. | Zucker kann zu einer Verminderung der Insulinsensibilität führen. |
| 39. | Zucker kann die Menge an Vitamin E im Blut vermindern. |
| 40. | Zucker kann Wachstumshormone vermindern. |
| 41. | Zucker kann den Cholesterinspiegel anheben. |
| 42. | Zucker kann den systolischen Blutdruck erhöhen. |
| 43. | Zucker kann Schläfrigkeit und verminderte Aktivität bei Kindern verursachen. |

| | |
|---|---|
| 44. | Hoher Zuckerverzehr erhöht die Advanced Glycation End Products. |
| 45. | Zucker kann der Aufnahme von Protein entgegenwirken. |
| 46. | Zucker kann Lebensmittelallergien verursachen. |
| 47. | Zucker kann zu Diabetes führen. |
| 48. | Zucker kann Toxämien während der Schwangerschaft verursachen. |
| 49. | Zucker kann bei Kindern zu Ekzemen beitragen. |
| 50. | Zucker kann Kreislauferkrankungen verursachen. |
| 51. | Zucker kann die Struktur Ihrer DNA beeinträchtigen. |
| 52. | Zucker kann die Struktur von Protein verändern. |
| 53. | Zucker kann die Haut altern lassen. |
| 54. | Zucker kann grauen Star verursachen. |
| 55. | Zucker kann Emphyseme verursachen. |
| 56. | Zucker kann Arteriosklerose verursachen. |
| 57. | Zucker kann eine Erhöhung der LDL-Proteine begünstigen. |
| 58. | Zuckerkonsum stört Ihre Homöosthase. |
| 59. | Zucker vermindert die Funktionsfähigkeit der Enzyme. |
| 60. | Der Zuckerkonsum ist bei Personen mit der Parkinson-Krankheit erhöht. |
| 61. | Zucker kann dauerhaft das Verhalten des Körpers im Umgang mit Protein verändern. |
| 62. | Zucker kann Ihre Leber vergrößern. |
| 63. | Zucker kann die Menge an Leberfett vergrößern. |
| 64. | Zucker kann Ihre Nieren vergrößern und krank machen. |
| 65. | Zucker kann Ihre Bauchspeicheldrüse schädigen. |
| 66. | Zucker trägt dazu bei, dass Ihr Körper Flüssigkeit zurückbehält. |
| 67. | Zucker ist der Feind Nummer 1 einer gesunden Darmperistaltik. |
| 68. | Zucker kann Kurzsichtigkeit verursachen. |
| 69. | Zucker kann die Form Ihrer Kapillaren verändern. |

| | |
|---|---|
| 70. | Zucker kann Ihre Sehnen spröde machen. |
| 71. | Zucker kann Kopfschmerzen und Migräne verursachen. |
| 72. | Zucker trägt zur Entstehung von Bauchspeicheldrüsenkrebs bei Frauen bei. |
| 73. | Zucker kann die Schulnoten bei Kindern beeinträchtigen. |
| 74. | Zucker kann einen Zuwachs von Delta-, Alpha- und Theta-Gehirnwellen verursachen. |
| 75. | Zucker kann Depressionen verursachen. |
| 76. | Zucker erhöht das Risiko, an Magenkrebs zu erkranken. |
| 77. | Zucker kann Dyspepsie verursachen. |
| 78. | Zucker erhöht das Risiko, an Gicht zu erkranken. |
| 79. | Zucker kann den Glukosespiegel bei einem oralen Glukosetoleranztest gegenüber der Aufnahme von anderen Mehrfachzuckern erhöhen. |
| 80. | Zucker kann die Insulinreaktion bei Menschen mit einem hohen Zuckerkonsum erhöhen, verglichen mit einer Person die wenig Zucker konsumiert. |
| 81. | Hochraffinierter Zucker vermindert Ihre Lernfähigkeit. |
| 82. | Zucker kann ein weniger effektives Funktionieren von Albumin und Lipoprotein verursachen. |
| 83. | Zucker kann zur Alzheimer-Krankheit beitragen. |
| 84. | Zucker kann ein Verkleben Ihrer Blutkörperchen verursachen. |
| 85. | Zucker kann den Hormonhaushalt durcheinanderbringen. |
| 86. | Zucker kann zur Bildung von Nierensteinen führen. |
| 87. | Zucker kann dazu führen, dass Ihr Hypothalamus hochsensibel auf verschiedene Stimulantien reagiert. |
| 88. | Zucker kann zu Schwindel führen. |
| 89. | Ernährungsweisen mit hohem Zuckeranteil können freie Radikale und oxidativen Stress hervorrufen. |
| 90. | Diäten mit hohem Zuckeranteil erhöhen bei Personen mit peripheren arteriosklerotischen Gefäßerkrankungen das Verkleben der Blutkörperchen erheblich. |

| | |
|---|---|
| 91. | Ernährungsweisen mit hohem Zuckeranteil können zu Krebs in der Gallenumgebung führen. |
| 92. | Zucker füttert Krebs. |
| 93. | Hoher Zuckerkonsum bei minderjährigen Schwangeren kann das Risiko erhöhen, dass das Neugeborene zu klein zur Welt kommt. |
| 94. | Hoher Zuckerkonsum bei minderjährigen Schwangeren kann dazu führen, dass das Kind zu früh zur Welt kommt. |
| 95. | Zucker verlängert den Zeitraum, den die Nahrung braucht, um den Magen-Darm-Trakt zu passieren. |
| 96. | Zucker verstärkt die Konzentration von Galle im Stuhl und die Anzahl bakterieller Enzyme im Dickdarm (das kann Dickdarmkrebs verursachen). |
| 97. | Zucker erhöht den Spiegel des Hormons Östradiol bei Männern. |
| 98. | Zucker zerstört das Enzym Phosphatase. |
| 99. | Zucker kann ein Risikofaktor für Gallenblasenkrebs sein. |
| 100. | Zucker macht süchtig. |
| 101. | Zucker kann Vergiftungen verursachen. |
| 102. | Zucker kann PMS verstärken. |
| 103. | Zuckerkonsum von Frühchen kann die Menge an Kohlendioxid, das sie produzieren, verändern. |
| 104. | Zu viel Zucker kann die emotionale Stabilität beeinträchtigen. |
| 105. | Zucker wird vom Körper in zwei- bis fünfmal so viel Fett wie komplexe Kohlenhydrate umgewandelt. |
| 106. | Die schnelle Aufnahme von Zucker im Körper führt zu gesteigertem Appetit bei Fettleibigen. |
| 107. | Zucker kann die Symptome bei Kindern mit ADHS verstärken, |
| 108. | Zucker beeinträchtigt die Zusammensetzung von Harnsäure-Elektrolyten negativ. |
| 109. | Zucker kann die Tätigkeit der Nebennieren beeinträchtigen. |
| 110. | Zucker hat die Fähigkeit, unnormale Stoffwechselprozesse einzuleiten und chronische degenerative Krankheiten zu unterstützen. |
| 111. | Wird Zuckerwasser intravenös verabreicht, kann die Sauerstoffzufuhr zum Gehirn abbrechen. |

| | |
|---|---|
| 112. | Hohe Saccharose-Zufuhr könnte ein wichtiger Risikofaktor bei Lungenkrebs sein. |
| 113. | Zucker erhöht das Risiko, an Kinderlähmung zu erkranken. |
| 114. | Hoher Zuckerkonsum kann epileptische Anfälle auslösen. |
| 115. | Zucker verursacht hohen Blutdruck bei Übergewichtigen. |
| 116. | Auf der Intensivstation heißt es: Zucker reduzieren rettet Leben. |
| 117. | Zucker könnte Zelltod verursachen. |
| 118. | Zucker könnte die physiologische Homöostase vieler Systeme im lebenden Organismus beeinflussen. |
| 119. | In Jugendcamps wurde beobachtet, dass Verhaltensauffälligkeiten um 44 % zurückgingen, wenn man den Kindern eine zuckerarme Diät verabreicht. |
| 120. | Zucker kann Magenkrebs verursachen. |
| 121. | Zucker dehydriert Neugeborene. |
| 122. | Zucker kann Zahnfleischbeschwerden verursachen. |

## Warum wollen Sie auf Zucker verzichten?

Sie wissen jetzt, dass Sie gesünder leben und in der Zukunft weniger Krankheiten entwickeln, wenn Sie hier und jetzt auf Zucker verzichten. Aber das ist nicht der Grund, warum Sie dieses Buch lesen. Auch die Aussicht, dass Sie ohne Zucker länger leben werden, ist nicht zielführend. Ich selbst bin jetzt fast 50 Jahre alt, und es ist mir egal, ob ich 81 oder 83 Jahre alt werde. Die meisten von Ihnen verzichten auf Zucker, weil Sie schön sein wollen.

*Die meisten von Ihnen verzichten auf Zucker, weil Sie schön sein wollen.*

Schönheit ist eng mit einer Gewichtsabnahme – also einem schlanken Körper – verknüpft. Sie haben völlig Recht. Schönheit ist wirklich der einzige Grund, warum Sie sofort auf Zucker verzichten sollten. Hier sehen Sie sofort den Erfolg. Und Erfolge ermutigen Sie weiterzumachen. Schon nach kurzer Zeit werden Sie einen lange vergessenen Charakterzug an sich wiederentdecken: Sie werden wieder eitel. Jeder Mensch ist eitel. Schon im Kindesalter beginnt die Eitelkeit. Es gibt kein kleines Kind, das nicht von sich überzeugt wäre, der schönste Mensch auf der Welt zu sein. Wenn Sie jahre- oder jahrzehntelang einen aussichtslosen Kampf gegen Ihre überflüssigen Pfunde geführt haben, vergessen Sie Ihre Eitelkeit. Manche Übergewichtige verleugnen die eigene Eitelkeit sogar ins Gegenteil und laufen nur noch in schlabbernden grauen unförmigen Jogginghosen herum.

*Sie werden den süßen Geschmack von Zucker nicht mehr mögen.*

Seien Sie egoistisch. Sobald Sie nur 500 Gramm abgenommen haben: Stellen Sie sich täglich vor den Spiegel, und bewundern Sie Ihre Schönheit. Ihre Eitelkeit ist etwas Positives und Wichtiges. Doch nach spätestens drei Wochen ohne Zucker stellt sich eine ganz neue Erfahrung ein. Sie werden den süßen Geschmack von Zucker nicht mehr mögen. Das ist der zweite Grund, warum Sie Erfolg haben werden. Sie wissen plötzlich, wie lecker Lebensmittel sind, wenn Sie nicht allen Geschmack mit Zucker „zukleistern".

## Wie steht es um Ihr Gewicht?

Kramen Sie auf Ihrem Dachboden, und suchen Sie nach alten Fotos. Wann hat Ihre Gewichtszunahme begonnen? Höchstwahrscheinlich ergeht es Ihnen wie der Mehrzahl der Menschen. Bis zu Ihrem 20. Lebensjahr waren Sie eigentlich relativ schlank. Dann haben Sie Jahr für Jahr etwa 1 Kilo zugenommen, sodass Sie zu Ihrem 50. Lebensjahr rund 30 Kilo Übergewicht mit sich herumgeschleppt haben. Dieses Übergewicht bleibt ungefähr bis zum 65. Lebensjahr bestehen. Ältere Menschen nehmen naturgemäß wieder etwas ab.

Wenn Sie bereits ein sehr übergewichtiges Kind waren, ist es sehr schwer, etwas an Ihrem Essverhalten und insbesondere Ihrem Zuckerkonsum zu ändern. In diesem Fall sollten Sie unbedingt professionelle Hilfe in Anspruch nehmen. Die Wahrscheinlichkeit, dass Sie durch dieses Buch allein Ihr Leben ändern können, ist in diesem Fall sehr gering.

Das Problem liegt darin, dass Sie nie eine schlanke Phase in Ihrem Leben hatten. Wenn Sie abnehmen, ruft das keine angenehmen Erinnerungen an frühere Zeiten wach. Doch die meisten Menschen sind bis zu ihrem 20. Lebensjahr relativ schlank gewesen. Nehmen diese Personen ab, denken sie sich: „Mensch, so dünn war ich das letzte Mal mit 17. Tolles Gefühl!" Leider ändert sich diese Regel in den letzten Jahren. Mittlerweile gibt es immer mehr übergewichtige Kinder. In spätestens 20 Jahren werden diese Kinder übergewichtige Erwachsene sein. Sehr viele dieser Personen werden nicht mehr voll im Berufsleben stehen können. Spätestens dann werden die Ver-

### Machen Sie das kleine Zucker-Übergewicht-Experiment

Lassen Sie in Ihre linke Handinnenfläche ein paar Tropfen Wasser laufen. Geben Sie in dieses Wasser ein Stück Würfelzucker. Matschen Sie Zucker und Wasser zu einer Zuckerlösung. Verreiben Sie die Zuckerlösung mit Ihrer rechten Hand auf ihrem linken Unterarm. Warten Sie, bis die Zuckerlösung etwas angetrocknet ist.

Warum? Ein Stück Würfelzucker wiegt ungefähr 3 Gramm. Sie haben also gerade 3 Gramm Übergewicht erworben (und zwar an Ihrem linken Unterarm). Merken Sie was davon? Sind Sie jetzt dicker geworden? Fällt Ihnen das Treppensteigen schwerer? Nein, natürlich nicht, denn das waren nur 3 Gramm. Doch was passiert, wenn Sie jeden Tag kontinuierlich 3 Gramm zunehmen?

Es ist eine einfache Rechnung: 3 Gramm multipliziert mit 365 Tagen macht 1.095 Gramm Gewichtszunahme im Jahr. Das entspricht ziemlich genau der typischen Gewichtszunahme von 1 Kilo pro Jahr des durchschnittlichen deutschen Übergewichtigen.

**Fazit:** Wenn Sie also jeden Tag nur ein Fitzelchen von 3 Gramm zulegen, sind Sie in 30 Jahren 30 Kilo schwerer.

antwortlichen einsehen, dass beim Thema Ernährung und Übergewicht einiges falsch läuft.

## Haben Sie ein natürliches Essverhalten?

Die Wissenschaftler definieren den Begriff „gesundes Essverhalten" wie folgt:

| |
|---|
| Sie essen, wenn Sie Hunger haben. |
| Sie hören auf zu essen, wenn Sie satt sind. |
| Und Sie bleiben Ihr Leben lang schlank. |

Wenn einer dieser drei Punkte auf Sie nicht zutrifft, haben Sie bereits eine Essstörung. Fragen Sie sich, bei welchem der drei Punkte Sie eine andere Einstellung zum Essen haben.

### Hier gibt es alle denkbaren Möglichkeiten:

| |
|---|
| 1. Sie greifen den ganzen Tag immer mal wieder in die Gummibärchentüte. |
| 2. Sie haben mehrere erfolglose Diät-Versuche hinter sich. |
| 3. Sie könnten das Mittagessen auslassen, abends dafür aber doppelt und dreifach essen. |
| 4. Sie können die ganze Woche leben wie ein Asket und am Wochenende futtern wie ein Wahnsinniger. |

Der Fachausdruck für die letztgenannte Essstörung lautet „Binge-Eating".

## Machen Sie das Geschmacksempfinden-Experiment

Wie gut oder schlecht Sie Essen schmecken können, finden Sie mit dem folgenden Experiment heraus. Trauen Sie sich heran, und machen Sie den Test, wie „abgestumpft" Ihr Geschmacksempfinden bereits ist.

**Experiment 1:** Gehen Sie in Ihren gewohnten Supermarkt, und kaufen Sie sich die konventionelle Vanillesoße eines großen bekannten Herstellers. Achten Sie darauf, dass in dieser Vanillesoße als Zutat ein Aroma zu finden ist. Besorgen Sie sich anschließend in einem Bio-Laden Vanillesoße, die ohne Aroma auskommt. Die Bio-Vanillesoßen werden mit echter Vanille hergestellt. Stellen Sie zuhause beide Becher auf den Tisch, und probieren Sie zuerst von der Bio-Vanillesoße. Nach etwa 30 Sekunden probieren Sie dann von der konventionellen Soße.

*Ihre Meinung:*
A. Die Bio-Vanillesoße schmeckt mir besser.
B. Ich merke keinen Unterschied.
C. Die konventionelle Vanillesoße schmeckt mir besser.

**Experiment 2:** Kochen Sie sich eine Rinderbrühe. Das Rezept dazu finden Sie in unserem Rezeptteil auf Seite 188. Wenn die Rinderbrühe fertig ist, brühen Sie sich parallel eine Instant-Rinderbrühe mit Geschmacksverstärker (Glutamat oder Hefeextrakt) auf. Essen Sie zuerst von Ihrer selbst gemachten Rinderbrühe, und probieren Sie anschließend die Instant-Brühe.

*Ihre Meinung:*
A. Die selbst gemachte Brühe schmeckt mir besser.
B. Ich merke keinen Unterschied.
C. Die Instant-Brühe schmeckt mir besser.

**Experiment 3:** Gehen Sie in einen Supermarkt, und kaufen Sie sich einen Erdbeer-Joghurt konventioneller Machart eines großen bekannten Herstellers. Achten Sie darauf, dass in diesem Joghurt Aroma steckt. Zucker ist in Fruchtjoghurt sowieso enthalten. Gehen Sie anschließend in einen Bio-Laden und kaufen Sie dort Bio-Natur-Joghurt mit mindestens 3,5 % Fett sowie eine Schale frische Erdbeeren. Zuhause schneiden Sie die Erdbeeren in kleine Würfel und vermengen eine ordentliche Menge mit dem Naturjoghurt. Sie probieren erst von Ihrem selbst gemixten Joghurt und dann das Produkt aus der Fabrik.
*Ihre Meinung:*
A. Der selbst gemachte Joghurt schmeckt etwas sauer, aber besser.
B. Ich merke keinen Unterschied.
C. Der Joghurt mit Aroma und Zucker schmeckt mir besser.

**Experiment 4:** Gehen Sie in einen Supermarkt, und kaufen Sie sich Kartoffelchips und Erdnüsse, die jeweils mit Geschmacksverstärker versetzt sind. Diese Produkte tragen vorne auf dem Etikett gerne die Bezeichnungen „pikant gewürzt" oder „ungarisch". Hinten in der Zutatenliste steht Glutamat oder Hefeextrakt. Wenn Sie Glück haben, finden Sie im Supermarkt vom gleichen Hersteller Kartoffelchips und Erdnüsse ohne Geschmacksverstärker. Diese Produkte tragen meist die Namen „gesalzen" oder „gesalzen und geröstet". Zuhause probieren Sie von allen Produkten. Tun Sie das in der ganz normalen Situation, wenn Ihnen nach Knabbern der Sinn steht, also zum Beispiel vor dem Fernseher.
*Ihre Meinung:*
A. Die Produkte ohne Geschmacksverstärker schmecken mir besser.
B. Ich merke keinen Unterschied.
C. Die Produkte mit Geschmacksverstärker schmecken mir besser.

**Experiment 5:** Gehen Sie zu Ihrem Bäcker, und kaufen Sie sich ein Stück Ihres Lieblingskuchens. Danch kaufen Sie bei einem Bio-Bäcker ein Stück Bio-Kuchen. Fragen Sie, wie dieser Kuchen gesüßt

ist. Optimal wäre es, wenn er mit Honig gesüßt wäre und keine Aromen enthalten würde. Probieren Sie zur gewohnten Nachmittagsstunde von beiden Kuchen.
*Ihre Meinung:*
A. Der Bio-Kuchen schmeckt mir besser.
B. Ich merke keinen Unterschied.
C. Der konventionelle Kuchen schmeckt mir besser.

**Experiment 6:** Gehen Sie zu einem Kiosk oder einer Tankstelle, und kaufen Sie sich ein buntes Wassereis. Anschließend gehen Sie zur besten Eisdiele in Ihrer Stadt. Am besten wäre es, wenn eine italienische Familie schon in der dritten Generation echtes Milcheis anrührt. Probieren Sie beide Eissorten.
*Ihre Meinung:*
A. Das Eis aus der Eisdiele schmeckt mir besser.
B. Ich merke keinen Unterschied.
C. Das Wassereis schmeckt mir besser.

**Experiment 7:** Gehen Sie in einen Supermarkt, und kaufen Sie sich eine Fertig-Mahlzeit. Wählen Sie unbedingt ein Produkt aus, in dem Fleisch, Gemüse und Sättigungsbeilage getrennt sind. Ganz toll funktioniert dieser Test mit Kartoffelpüree, Rotkohl und Rouladen. Machen Sie sich die Mühe, und kochen Sie dasselbe Gericht zuhause mit feinsten Bio-Zutaten nach.
*Ihre Meinung:*
A. Das selbstgekochte Gericht schmeckt mir besser.
B. Ich merke keinen Unterschied.
C. Das Fertig-Menü aus der Fabrik schmeckt mir besser.

**Für alle sieben Experimente gilt:** Je öfter Sie A. angekreuzt haben, desto leichter wird Ihnen der Verzicht auf Zucker fallen. Wenn Sie oft C. angekreuzt haben, sind Sie schwer abhängig von Chemie und Zucker im Essen.

## Was passiert, wenn Sie auf Zucker verzichten?

Stellen Sie sich vor, Sie sitzen Anfang Dezember kuschelig vor dem offenen Kamin in Ihrem Wohnzimmer. Draußen herrscht wirklich mieses Wetter mit Schneeregen und Windböen. Da fragt Sie Ihr Partner:

„Sollen wir uns bis auf die Unterwäsche ausziehen und uns für 15 Minuten draußen in den Regen stellen?"

Sie schauen Ihren Partner ganz entgeistert an und antworten entsetzt: „Nein, warum sollten wir das tun?"

„Ganz einfach: Es tut so gut, danach wieder ins warme Wohnzimmer zu kommen."

Seien Sie ehrlich: Sie würden am Geisteszustand Ihres Partners zweifeln, oder nicht? Doch wenn Sie zuckersüchtig sind, machen Sie es genauso. Den Heißhunger, den Sie nach einiger Zeit ohne Zucker verspüren, können Sie mit dem schlechten Wetter draußen vor der Tür vergleichen. Und wenn Sie wieder eine Portion Zucker aufnehmen, umspült Sie ein warmes Glücksgefühl. Wenn Sie konsequent auf Zucker verzichten, ist das so, als würden Sie einfach im warmen Wohnzimmer sitzen bleiben. Ich gebe zu, dass ein Leben ohne Zucker zunächst etwas langweiliger ist, denn die extremen Höhen und Tiefen im Blutzuckerspiegel und beim Glücksgefühl fallen weg. Dafür sind Sie aber einfach dauerhaft glücklich. Das unbestimmte Gefühl einer gewissen Langeweile verschwindet spätestens nach vier Wochen. Ansonsten wird gar nichts passieren. Aus biochemischer Sicht benötigt Ihr Körper keinen Zucker. Alle Ihre Körperfunktionen werden genauso gut, wenn nicht sogar besser ablaufen.

*Wenn Sie konsequent auf Zucker verzichten, ist das so, als würden Sie einfach im warmen Wohnzimmer sitzen bleiben.*

## Raucher und Zuckeresser plagt die gleiche Sucht

Für Raucher gilt genau das gleiche Schema. Rauchen macht Sie nicht glücklich, sondern beendet nur Ihr Verlangen. Beobachten Sie Raucher, die bei jedem Stopp eines ICE der Deutschen Bahn (heimlich) aus den offenen Türen qualmen. Diese Menschen wirken nicht wirklich glücklich. Sie sind ohne Zigarette auf Entzug und müssen Nikotin nachlegen, koste es, was es wolle. Dann sind Sie für ein paar Minuten wieder auf dem Glückslevel, das Nichtraucher ihr ganzes Leben lang haben.

## Vermeiden Sie die Blutzucker-Bomben!

Kohlenhydrate ist der Oberbegriff für alle Zuckerarten, die wir Menschen essen. Stark vereinfacht gesagt, können Sie verschiedene Zuckerarten hinsichtlich ihrer Molekülstruktur unterscheiden: Einfach-Zucker (Monosaccharide) und Mehrfach-Zucker (Polysaccharide). Einfach-Zucker kann Ihr Körper sofort und komplett zur Energiegewinnung benutzen.

*Polysaccharide sorgen für einen langsameren Anstieg Ihres Blutzuckers. So bekommt Ihr Körper mehr Zeit, mit Insulin gegenzusteuern.*

Wenn jedoch kein Energiemangel herrscht, wird Ihr Körper diesen Zucker in Fett umwandeln und als sogenanntes „Hüftgold" anlagern. Mehrfach-Zucker kann Ihr Körper nicht sofort aufnehmen. Ihr Darm muss diesen Zucker erst zu Einfach-Zuckern „aufknabbern". Deswegen sorgen die Polysaccharide für einen langsameren Anstieg Ihres Blutzuckers. So bekommt Ihr Körper mehr Zeit, mit Insulin gegenzusteuern. Ihre Blutzuckerspitzen werden weniger hoch sein.

### Achtung!

Mit Haushalts-, Trauben- und Milchzucker katapultieren Sie Ihren Blutzucker sofort in höchste Höhen! Denn Ihr Körper gibt diese Zucker nicht erst an Ihre Leber zur Weiterverarbeitung, sondern befördert sie sofort ins Blut.

## Es gibt Zucker, der kein Insulin benötigt

Zucker wird in die Kategorien Glukose (Zucker), Fruktose (Fruchtzucker) und Galaktose (Milchzucker) unterteilt. Es gibt noch viele andere Untergruppen, die uns aber nicht besonders interessieren sollen. Einige dieser

Zucker werden vom Körper ohne die Zuhilfenahme von Insulin in Ihre Körperzellen gebracht. Deswegen gelten diese Zuckerarten generell als „für Diabetiker geeignet". Allzu viel davon sollten Sie trotzdem nicht essen. Ihr Blutzuckerspiegel wird sonst ebenfalls zu hoch sein.

| Überblick | |
|---|---|
| Zuckerart | Aufnahme ohne Insulin? |
| Glukose | nein |
| Fruktose | ja |
| Galaktose | ja |
| Saccharose (Haushaltszucker) | nein |
| Maltose | nein |
| Laktose | ja |
| Dextrin | nein |
| Dextrose | nein |
| Maltodextrin | nein |
| isolierte Stärke | nein |
| Isoglukose | nein |
| Glukosesirup | nein |
| Sorbit | ja |
| Mannit | ja |
| Xylit | ja |
| Isomalt | ja |
| Maltit | ja |
| Lactit | ja |

## Sie können ohne die Sucht nach Zucker leben

Rein biochemisch betrachtet, ist Haushaltszucker vollkommen überflüssig, denn für das Überleben des Menschen spielt er absolut keine Rolle. Ihr Körper ist in der Lage, aus dem Fett und dem Eiweiß in Ihrer Nahrung den Zucker für die Erythrozyten selbst herzustellen. Die psychische Komponente darf dabei jedoch nicht unterschätzt werden. Wenn Sie gewohnt sind, viel Zucker zu essen, entwickelt Ihr Körper eine regelrechte Sucht danach. In Ihrem Hirn werden dabei dieselben Belohnungsmechanismen angeregt, wie es bei einigen Drogen der Fall ist.

Zucker ist ein Genussmittel, dessen Konsum das Verlangen danach erhöht statt befriedigt. Zucker hat deshalb eine suchterzeugende Wirkung und wirkt durch die Serotonin-Produktion im Gehirn beruhigend. Besonders gestresste Personen sind deshalb besonders „suchtgefährdet".

Teilweise wirkt Zucker wie ein Antidepressivum und wird häufig von depressiven Personen konsumiert. Laut einer Studie der New Yorker Princeton University (Avena et al.: Sugar and Fat Bingeing Have Notable Differences in Addictive-like Behavior) zieht der regelmäßige Zuckerkonsum Veränderungen im Gehirn nach sich – ähnlich wie bei einer Kokain- oder Morphinabhängigkeit. Im Experiment mit Ratten zeigten die Tiere starke Entzugserscheinungen bei der Wegnahme des Zuckers: Sie wurden ängstlich und begannen mit den Zähnen zu klappern. Auf sonst wirkungslose Aufputschmittel reagierten sie hyperaktiv und griffen zu Ersatzdrogen. Als der Zucker wieder verfügbar war, verschlangen sie wesentlich größere Mengen als vor dem Entzug.

Darin liegt der wahre Grund, warum die meisten Menschen nicht aufhören wollen, Zucker zu konsumieren. Aber es lohnt sich. Denn wenn Sie den Schritt wagen, konsequent auf Zucker zu verzichten, vermissen Sie bereits nach wenigen Wochen keinen Zucker mehr. Eine Banane schmeckt dann genauso süß wie die geliebten Zuckerbomben.

## Das Problem mit Zucker

Sehr viele Lebewesen lieben Zucker. Die Anfälligkeit für Zucker ist nicht nur uns Menschen angeboren. Das Problem liegt darin, dass Mutter Natur nicht damit gerechnet hat, dass wir Menschen heutzutage rund um die Uhr unbegrenzt Zucker essen können.

### Machen Sie das Ameisen-Experiment

Experiment: Suchen Sie im Sommer nach einem Ameisennest. Ein solches Nest finden Sie mit Sicherheit in Ihrem Garten oder in Ihrer unmittelbaren Nachbarschaft. Es müssen keine Waldameisen sein, die ganz normalen deutschen Ameisen reichen für unser kleines Experiment aus. Dann legen Sie in der Reichweite der Ameisen folgende Dinge aus: ein paar Krümel Vollkornbrot, ein paar Krümel Weißbrot und einen Klecks gezuckerte Marmelade. Warten Sie 30 Minuten ab, und gehen Sie dann zurück zu den Ameisen. Was wird passieren? Wahrscheinlich werden Sie den Marmeladenklecks vor lauter Ameisen gar nicht mehr sehen. Die Ameisen stürzen sich auf die Marmelade! Mit etwas weniger Inbrunst verspeisen die Ameisen die Weißbrotkrümel. Wenig bis gar kein Interesse werden die Ameisen für die Vollkornkrümel zeigen.

Experimentieren Sie auch auf andere Weise: Gehen Sie an einen Süßwassersee, in dem viele Fische schwimmen, und werfen Sie jeweils ein paar Krümel Weiß- und Vollkornbrot ins Wasser. Die Fische werden sich ausschließlich auf das Weißbrot stürzen. Das Vollkornbrot sinkt unangetastet auf den Grund des Gewässers.

**Was sagt uns das?** Fische und Ameisen können Sie nicht dressieren, und diese Tiere sind auch nicht besonders lernfähig. Beide Experimente funktionieren ebenso gut, wenn Sie sie nicht in der städtischen Umgebung durchführen, sondern in der unberührten Wildnis. Ameisen, die niemals in ihrem Leben mit einem Menschen in Kontakt kamen, sind trotzdem „scharf" auf Marmelade. Die Natur hat also in vielen Lebewesen das Verlangen nach schnell resorbierbaren Kohlenhydraten genetisch angelegt.

Da Zucker und Weißmehl heutzutage fast ständig zur Verfügung stehen, erhöhen sich die gesundheitlichen Probleme – ein Zustand, den Mutter Natur so nicht eingeplant hat.

## Kleinste Veränderungen im Erbmaterial

Die Natur reagiert auf kleinste Veränderungen in der Umwelt durch winzige genetische Veränderungen im Erbmaterial. So erlangen die Lebewesen Vorteile, wenn sich Umweltbedingungen geändert haben. Wir Menschen haben in unserer Entwicklungsgeschichte auf diese Art zum Beispiel den aufrechten Gang erlernt und unser Körperfell verloren. Insofern ist es nur eine Frage der Zeit, bis die Menschen der Zukunft besser mit dem überbordenden Zuckerangebot klarkommen. Vielleicht haben sie eine dreimal so große Bauchspeicheldrüse oder ihre Körper entwickeln ein ganz neues Organ, das zusätzliches Insulin herstellt. Doch bis es so weit ist, dauert es mindestens 100.000 Jahre. So lange können Sie nicht auf die Lösung des Zuckerproblems warten. Der Zuckerkonsum muss von Ihnen selbst neu überdacht und in den Griff bekommen werden.

## Süßstoffe sind keine Lösung!

Jahrelang schien es die perfekte Lösung zu sein: einfach Süßstoffe statt Zucker verwenden. Der Grund sprach für sich, denn Süßstoffe haben keine Kalorien und wirken nicht direkt auf den Blutzucker. Doch so einfach ist die Sache nicht. Süßstoffe erhalten Ihre Sucht auf Süßes. Sie überdecken

Ihre natürlichen Geschmacksknospen genauso wie normaler Haushaltszucker. Noch dazu bringt übernatürliche Süße Ihren Appetit durcheinander.

Ein israelisches Forscherteam hat gezeigt, dass Süßstoffe eine ganz konkrete Gefahr für Ihren Blutzuckerspiegel darstellen und direkt Diabetes auslösen können (Suez, Korem, Zeevi et al.: Artificial sweeteners induce glucose intolerance. Weizmann Institut, Rehovot/Israel, September 2014). Das Problem liegt darin, dass Süßstoffe Ihr Mikrobiom stören. Damit bezeichnen Mediziner die Gesamtheit aller Bakterien, die im Darm leben. Ohne diese Bakterien würde Ihre Verdauung sofort zusammenbrechen. Durch die Süßstoffe wird Ihr Mikrobiom gestört: Ihr Darm pumpt mehr Kohlenhydrate in Ihr Blut, und der Blutzucker steigt. Der genaue Mechanismus dafür liegt noch im Dunkeln. Forscher gehen aber davon aus, dass die Süßstoffe die Lebensgrundlage der unzähligen Bakterien in Ihrem Darm verändern. Diese Bakterien sind für Ihre Verdauung unabdingbar. Wahrscheinlich veranlassen die Süßstoffe die Bakterien dazu, Kohlenhydrate in der Nahrung schneller und gründlicher zu verdauen. Also steigt Ihr Blutzucker doch.

## Kein Gewichtsverlust durch Süßstoffe

Außerdem zeigen die Studien, dass es zu keiner konkreten Gewichtsabnahme kommt, wenn Süßstoffe verwendet werden (siehe dazu zum Beispiel Qing Yang et al.: „Gain weight by going diet? Artificial sweeteners and the neurobiology of sugar cravings"). Oder fragen Sie übergewichtige Menschen, die Light-Getränke verzehren, ob Sie damit tatsächlich abgenommen haben. Es wäre schön, wenn Süßstoffe helfen könnten, doch immer mehr wird klar, dass das nicht der Fall ist, dass Süßstoffe nicht helfen, sondern sogar schaden.

*Es wäre schön, wenn Süßstoffe helfen könnten, doch immer mehr wird klar, dass das nicht der Fall ist.*

Ursache und Wirkung sind nicht immer auf den ersten Blick ersichtlich. Ein Beispiel kennen Sie aus der eigenen Küche: Wenn Sie Zwiebeln schneiden, tränen Ihre Augen. Das können Sie auch nicht verhindern, wenn Sie eine Taucherbrille tragen. Es ist Ihre Nasenschleimhaut, die die Ausdünstungen der Zwiebeln aufnimmt. Und Ihre Nasenschleimhaut regt Ihre Augen zur Tränenbildung an.

## Trau, schau, wem? Cholesterin und seine angeblichen Grenzwerte

Es ist nicht weiter verwunderlich, dass es Jahre dauerte, bis von der Wissenschaft an den Scheinbildern der Süßstoffe gerüttelt wurde. Denken Sie nur an Eier, die wegen Ihres hohen Cholesteringehalts in Ungnade gefallen waren. Es erschien logisch: Eier enthalten viel Cholesterin. Dummerweise wollten die Wissenschaftler damals nicht eingestehen, dass Ihr Körper selbst in der Lage ist, Unmengen an Cholesterin herzustellen. Denn Cholesterin ist ein wichtiger Bestandteil einer jeden Körperzelle. Wir brauchen Cholesterin zum Leben. Apropos Cholesterin: Wissen Sie, wie die als gesund propagierten Grenzwerte für Cholesterin zustande gekommen sind? Die Wissenschaftler haben vor etwa 60 Jahren tausende gesunde Menschen auf ihren Cholesterin-Wert hin untersucht. Der Mittelwert lag bei etwa 160mg/dl. Daraufhin verbreiteten die Wissenschaftler die Meinung, dass der Grenzwert für Cholesterin bei 130 mg/dl liegt. Und so gab es plötzlich viele Millionen neuer Kunden für cholesterinsenkende Mittel. Einige dieser Medikamente haben sich durch eklatante Nebenwirkungen ausgezeichnet. Diese Cholesterinsenker sind schon lange vom Markt verschwunden.

*Cholesterin ist ein wichtiger Bestandteil einer jeden Körperzelle.*

## Noch ein paar Worte zu Stevia

Steviablätter sind bis zum heutigen Tag nicht als Lebensmittel zugelassen. Es ist der süßende Inhaltsstoff, der erlaubt ist. Dieser wird durch komplizierte chemische Verfahren aus der Pflanze gewonnen. Die Grenze zwischen natürlichem und chemikalischem Stoff verschwimmt. Vielen Leuten schmeckt Stevia nicht so gut wie Zucker. Meist klagen die Testesser über einen bitteren Nachgeschmack. Es gibt zahlreiche Produkte, die trotz einer Zugabe von Stevia gleichzeitig Zucker enthalten. Sie müssen bei Steviaprodukten aufmerksam die Zutatenliste lesen. Übrigens verstellt auch Stevia Ihre Geschmacksnerven und erhält Ihre Sucht auf Süßes.

## Xylit: Ist Birkenzucker eine Alternative?

Kennen Sie Xylit? Bis vor wenigen Jahren war der Zuckeraustauschstoff Xylit den meisten Menschen völlig unbekannt. Xylit ist ein weißes Pulver, das süß schmeckt – ein Zuckeralkohol, ein sogenannter Zuckeraustauschstoff. Er süßt in etwa so stark wie Zucker, hat aber nur die Hälfte der Kalorien. Das ist ein großer Unterschied zu den Süßstoffen, die generell keine Kalorien enthalten, aber 100- bis 1000-mal so stark süßen wie Zucker. Produkte mit Xylit dürfen als „zuckerfrei" beworben werden.

Ihr Körper verdaut Xylit ohne die Zuhilfenahme von Insulin. Xylit ist ein natürlicher Stoff, wohingegen Süßstoffe (wie etwa Saccharin und Aspartam) in der Natur nicht vorkommen. Alle Süßstoffe werden vom Menschen in chemischen Laboratorien hergestellt, aber Xylit gibt es in der Natur. Es findet sich in Blumenkohl, Pflaumen sowie Erd- und Himbeeren. Auch der Birkenbaum enthält Xylit. Im Jahre 1890 konnten deutsche Chemiker aus Birkenholz erstmalig das Xylit isolieren. Eine ganze Birke enthält 25 kg Xylit.

*Alle Süßstoffe werden vom Menschen in chemischen Laboratorien hergestellt: Xylit nicht.*

Heute wird Xylit aus Resten bei der Maiskolbenernte hergestellt. In der Natur kommt es nur in sehr geringen Mengen vor.

Allerdings kann Xylit im menschlichen Körper zu Durchfall und Blähungen führen. Das gilt zwar generell für Zuckeraustauschstoffe, aber Sie haben die Möglichkeit, Ihren Körper nach und nach an Xylit zu gewöhnen. Sie müssen die Menge einfach langsam erhöhen. Wenn Sie eine Süßspeise zubereiten, wählen Sie alle Zutaten mit Bedacht aus. Lassen Sie isolierte Kohlenhydrate und industriell verarbeitete Molkereiprodukte bei der Nahrungszubereitung außer vor, können Sie tatsächlich von einer gesunden süßen Speise sprechen. Bitte bedenken Sie, dass alle synthetischen und biotechnologisch hergestellten Lebensmittel den Körper irritieren und belasten.

> *Ich persönlich schrecke instinktiv davor zurück, selbst Dinge zu verzehren, die meinem Hund das Leben kosten würden.*

## Xylit im Praxistest

Sie können Xylit in der Küche wie normalen Zucker einsetzen. Es eignet sich nicht zum Bepudern von Speisen und es lässt sich nicht karamellisieren. Beim Backen wird Xylit nicht braun, und der Kuchen wird trockener als mit Zucker. Dafür besitzt Xylit keinen Nachgeschmack, es kühlt jedoch Ihren Rachen – ähnlich wie Menthol. Der natürliche Süßstoff ist allerdings teuer, und Sie sollten Tieren auf keinen Fall Xylit geben. An großen Mengen wie zum Beispiel einer ganzen Tüte Xylit-Bonbons könnte ein Hund sterben, da Xylit bei Hunden zu schwersten Leberschäden und Gerinnungsstörungen führt.

Ich persönlich schrecke instinktiv davor zurück, selbst Dinge zu verzehren, die meinem Hund das Leben kosten würden. Ich weiß aus meiner eigenen Lebensgeschichte, dass der Königsweg zur Überwindung einer Zuckersucht im Weglassen jeglicher künstlichen Süßung besteht.

| So viel versteckter Zucker verbirgt sich in diesen Lebensmitteln ||
|---|---|
| **Getränke** ||
| 1 Glas Hohes C Orange mit Calcium, 200 ml | 6 Würfel Zucker |
| 1 Flasche Naturkind Karottensaft, 500 ml | 3 Würfel Zucker |
| 1 Flasche Frucht-Buttermilch von Müller, 500 ml | 22 Würfel Zucker |
| 1 Flasche fettarmer Trinkjoghurt von Good Milk, 500 ml | 22,3 Würfel Zucker |
| 1/2 Flasche Coca-Cola, 500 ml | 17,7 Würfel Zucker |
| 1 Glas fettarme Milch von Bärenmarke, 200 ml | 3,3 Würfel Zucker |
| 1 Esslöffel Nestlé Nesquick Kakaopulver | 6,3 Würfel Zucker |
| 1 Glas Fanta Orange, 250 ml | 8 Würfel Zucker |
| 1 Becher mittlere Größe Starbucks heiße Schokolade mit Sahne | 9,5 Würfel Zucker |
| Red Bull, 250 ml | 9,2 Würfel Zucker |
| 1 Flasche Volvic Orange, 1,5 l | 12 Würfel Zucker |
| 1 Glas Nescafé frappé, 200 ml | 7,3 Würfel Zucker |
| Bubble-Tea, 500 ml | 30 Würfel Zucker |
| Innocent Brombeere, Erdbeere Smoothie, 250 ml | 9,2 Würfel Zucker |
| 1 Flasche Biozisch von Voelkel, 0,33 l | 9,3 Würfel Zucker |
| 1 Glas Hohes C Orange, 200 ml | 6 Würfel Zucker |
| 1 Glas Soya-Milch von alpro soya, 200 ml | 1,7 Würfel Zucker |
| **Speisen** ||
| Hilcona Tortelloni mit Tomaten und Mozzarella, 200 g (6 g Zucker) | 2 Würfel Zucker |
| 1 Portion Pfirsiche aus der Dose, 200 g | 10,3 Würfel Zucker |
| 1 Schälchen Kellog's Smacks, 30 g | 4,3 Würfel Zucker |
| 1 Schälchen Nestlé Clusters, 30 g | 2 Würfel Zucker |

| | |
|---|---|
| Du darfst Geflügelsalat, 100 g | 2,8 Würfel Zucker |
| Schälchen Vitalis Früchte-Müsli, 40 g | 3,2 Würfel Zucker |
| Weight Watchers Gulaschsuppe, 400 ml | 2,4 Würfel Zucker |
| Heinz Baked Beans in Tomatensoße, 207 g | 3,4 Würfel Zucker |
| 1 Esslöffel Ferrero Nutella, 15 g | 2,8 Würfel Zucker |
| Rotes cremiges Curry von Uncle Ben's, 400 g | 6,3 Würfel Zucker |
| Müller Milchreis Vanille, 200 g | 7,3 Würfel Zucker |
| Apfelkompott von Spreewaldhof, 360 g | 52 Würfel Zucker |
| 1 Becher Maggi 5-Minuten-Terrine | 2,7 Würfel Zucker |
| 1 Esslöffel Heinz Tomato Ketchup | 1,3 Würfel Zucker |
| Maggi Topfinito Bauerntopf, 380 g | 1,9 Würfel Zucker |
| Spirli-Nudeln von Erasco, 400 g | 3 Würfel Zucker |
| 1 Becher Actimel, 100 g | 3,5 Würfel Zucker |
| 3 Esslöffel Salat-Mayonnaise | 1 Würfel Zucker |
| 1 Brandt-Zwieback | 1,3 Würfel Zucker |
| 1 McDonald's Fischburger | 1 Würfel Zucker |
| Naturkind Kirschkonfitüre, 350 g | 61,2 Würfel Zucker |
| Mark Brandenburg Mango-Joghurt, 200 g | 10,7 Würfel Zucker |
| 1 Currywurst von Meica, 120 g | 3,7 Würfel Zucker |
| **Snacks/Süßigkeiten** | |
| 1 Riegel Yogurette, 12,5 g | 2,3 Würfel Zucker |
| 1 Corny Müsliriegel nussvoll | 2,2 Würfel Zucker |
| Haribo Goldbären, 100 g | 15,2 Würfel Zucker |
| Bio Gut & Gerne Fruchtbärchen, 100 g | 18,8 Würfel Zucker |
| XOX Naturell Apfelchips, 25 g | 6 Würfel Zucker |
| 1 Riegel Mars, 45 g | 9,6 Würfel Zucker |
| 5 Vollkornkekse von Leibniz | 2,6 Würfel Zucker |
| Pringles Paprika, 190 g | 2,4 Würfel Zucker |
| Ben & Jerry's Apple Pie Eiscreme, 250 ml | 21,6 Würfel Zucker |

Quelle: Online-Beitrag der BILD-Zeitung

Diese Liste könnten Sie nach Belieben fortführen. Im Internet und in zahlreichen Ratgebern finden Sie den Zuckergehalt von jedem erdenklichen Lebensmittel. Ich möchte auf einige Besonderheiten bezüglich des Zuckergehalts eingehen:

1. Lebensmittel, die einen „gesunden" Namen tragen, haben deswegen nicht weniger Zuckergehalt. Vergleichen Sie in obiger Liste einmal „Biozisch" mit „Fanta" oder „Haribo Goldbären" mit „Bio Gut & Gerne Fruchtbärchen". Sogar im Bioladen finden Sie genug Lebensmittel, die wahre Zuckerbomben sind!
2. Haben Sie gestaunt, wie viel Zucker in Bubble-Tea enthalten ist? In einem Liter stecken 60 Stück Würfelzucker!
3. In fast jeder Knabberei und in allen Fertiggerichten steckt Zucker!

Erst Ende des Jahres 2016 tritt ein Gesetz in Kraft, das die Angabe der Zuckermenge auf jedem Lebensmittel vorschreibt. Derzeit werden vom Gesetzgeber lediglich folgende Einteilungen vorgeschrieben:

**Zuckerarm:** Getränke mit weniger als 2,5 g Zucker in 100 ml Flüssigkeit oder Nahrung mit weniger als 5 g Zucker in 100 g Gesamtmasse

**Zuckerreduziert:** Das Lebensmittel enthält 30 Prozent weniger Zucker als der Durchschnitt vergleichbarer Produkte. In Produkten, die sehr viel Zucker enthalten, kann somit immer noch reichlich Zucker sein.

**Ohne Zucker:** Diese Bezeichnung bezieht sich nur auf Ein- und Zweifachzucker (Haushaltszucker, Fruktose, Glukose, Laktose, Maltose). Hiervon dürfen unter 0,5 g in 100 ml oder 100 g Lebensmittel enthalten sein. In 1 Liter Limonade können also 5 Gramm Zucker schlummern, wenn sie „ohne Zucker" etikettiert ist.

## Natürlich gut? Trockenfrüchte und Honig sind nicht optimal

Honig und Trockenfrüchte sind von Natur aus sehr süß. Sie enthalten Unmengen an Kohlenhydraten. Wenn Sie Honig oder Trockenfrüchte verzehren, wird sich das auf jeden Fall auf Ihren Blutzuckerspiegel auswirken. Doch im Gegensatz zu Haushaltszucker stecken in beiden Produkten auch positive Stoffe. Diese sind gut für Ihre Gesundheit und gleichen die negativen Auswirkungen etwas aus. In den Trockenfrüchten schlummern noch die Ballaststoffe, die ehemals in den ganzen Früchten zu finden waren. Das verzögert die Geschwindigkeit, mit der Ihr Körper den Zucker aufnehmen kann. Außerdem sorgen die Ballaststoffe für eine gute Verdauung ohne Verstopfung.

*Menschen, die alle Speisen mit Ahornsirup süßen, leben genauso ungesund wie diejenigen, die normal zuckern.*

Es gibt noch ein weiteres Plus: Im Honig stecken zahlreiche Vitalstoffe. Es scheint tatsächlich so zu sein, dass der Zucker im Honig von Ihrem Körper anders aufgenommen wird. Die wissenschaftliche Studienlage zum Thema Honig ist leider sehr spärlich. Es gibt zwar eine Studie, die ein sehr gutes Licht auf Honig wirft. Allerdings wurde sie zufällig von den deutschen Honigherstellern finanziert. Dennoch sind diese natürlichen Produkte nicht optimal, denn Ihrem Blutzucker und dem Belohnungs-System im Gehirn ist es egal, ob Sie Haushaltszucker, Trockenfrüchte, Honig, Ahornsirup oder Dicksaft benutzen. Sie sehen alle süßenden Zutaten als zuckerhaltig an. Deswegen leben Menschen, die alle Speisen mit Ahornsirup süßen, genauso ungesund wie diejenigen, die normal zuckern.

Aber Sie können trotzdem gut essen und Zucker weglassen. Im hinteren Teil des Buches finden Sie Rezepte für viele schmackhafte Gerichte. Es ist übrigens nicht so, dass Sie gar nicht mehr süßen dürfen, wenn Sie die Ratschläge aus diesem Buch beherzigen. Vielmehr ist beabsichtigt, dass Sie zukünftig Ihr Empfinden für die Geschmacksrichtung „süß" zunächst auf ein normales Maß zurückführen. Danach reichen Ihnen ein paar Kleckse Honig, Trockenpflaumen oder Rosinen völlig aus, um zum Beispiel einen selbst gebackenen Kuchen zu süßen. Natursüße in Maßen ist völlig in Ordnung und gesund. Sind Sie allerdings „überzuckert", schmecken natursüße Speisen einfach sauer, weil Sie an Unmengen Zucker gewöhnt sind.

## Tricksen Sie Ihren Körper einfach aus!

Kennen Sie den wunderbaren Film „Der Clou" – eine Gangsterkomödie mit Robert Redford? Das Drehbuch lautet wie folgt: Robert Redford versucht, einen reichen Gangster um seine Millionen zu erleichtern. Doch der reiche Gangster ist nicht dumm und sehr vorsichtig, wenn es um sein Vermögen geht. Redford baut mittels zahlreicher Helfershelfer ein falsches Wettbüro auf. In diesem Wettbüro gibt es falsche Toto-Spieler, eine falsche Radioübertragung, falsche Freude und falsches Leid, wenn die Pferdewetten Geld bringen oder vernichten. Zuerst lassen die Trickbetrüger den Gangster ein paar Mal gewinnen. Dann kommt der große Clou: Sie täuschen ein ganz spannendes Pferderennen vor, bei dem plötzlich ein Außenseiter zu gewinnen scheint. Der reiche Gangster hat nur wenig Zeit zum Überlegen, setzt sein ganzes Vermögen auf das Pferd. Kaum dass er all seine Millionen in bar am gefälschten Kassenschalter abgegeben hat, verschwinden Robert Redford und seine Kumpanen. Ab diesem Moment ist der reiche Gangster nur noch ein Gangster.

*Zuerst lassen die Trickbetrüger den Gangster ein paar Mal gewinnen. Dann kommt der große Clou.*

Diese Geschichte ist ein wunderbares Gleichnis, wie Sie es schaffen müssen, Ihren Körper „auszutricksen". Ihr Körper ist ähnlich vorsichtig, was Hunger, Nahrungsmittel und Gewichtsverlust angeht – wie der reiche Gangster, was sein Geld betrifft. Sie können nicht einfach hungern. Das klappt nicht. Ihr Körper wird sich im Endeffekt jeder Diät verweigern. Sie müssen Ihren Körper ständig hegen, pflegen und ihm das Gefühl geben, dass es ihm an nichts fehlt.

## Tricksen im 6-Stunden-Takt

*Dem gefürchteten Jo-Jo-Effekt im 6-Stunden-Takt entkommen*

Konkret heißt das, dass Sie sich alle sechs Stunden richtig satt essen müssen. Wenn Sie hungern oder nicht satt sind, kommt es immer zum Jo-Jo-Effekt, der uns Menschen angeboren ist. Selbst wenn Ihr Wille bärenstark scheint, können Sie nach spätestens drei Wochen nichts gegen die hormonelle und psychische Macht Ihres Körpers ausrichten. Es kommt zu einem fatalen Programmablauf in Ihnen. Ihr Körper wird Sie regelrecht zwingen, ohne Rücksicht auf Verluste zu essen, bis Ihr Körpergewicht größer wird, als es zu Beginn Ihrer Diätversuche war. Diäten funktionieren nicht. Das ist der Grund, weshalb übergewichtige Menschen nicht abnehmen, wenn Sie eine Mahlzeit am Tag auslassen oder durch irgendwelche Drinks ersetzen.

Rein theoretisch funktionieren alle Diät-Theorien wunderbar – sie versagen jedoch in der Praxis. Jeder Übergewichtige hat mehrere Diätversuche hinter sich. Und wenn ein Versuch geklappt hätte, wäre dieses Buch überflüssig. Sie haben nur eine Chance: Sie müssen Ihren Körper austricksen! Sie müssen sich immer pappsatt essen, dabei aber die richtigen Lebensmittel auswählen!

# Ein Blick auf die verschiedenen Ernährungslehren

Es ist an der Zeit, sich mit den verschiedenen Ernährungslehren zu beschäftigen. Denn wenn Sie Bescheid wissen, sind Sie mutiger, etwas in Ihrem Leben zu ändern.

## Normale westliche Ernährung

Das, was Sie heutzutage als normale westliche Ernährung wahrnehmen, ist in Wirklichkeit eine krank machende Diät: Das Essen steckt voller schlechter Fette, Kalorien und Zucker. Obendrauf kommt noch jede Menge Chemie, zum Beispiel Geschmacksverstärker, Konservierungsstoffe, Aromen und Farbstoffe. In klassischer Weise führt eine solche Ernährung dazu, dass Sie pro Jahr etwa 1 Kilo an Gewicht zunehmen. Häufig wird die Qualität des Essens nicht danach beurteilt, ob es gut schmeckt und vom Koch mit frischen Zutaten zubereitet wurde. Ein Gericht ist dann lecker, wenn das Schnitzel so riesig ist, dass es kaum auf den Teller passt und die Pommes daneben einen gigantischen Berg bilden.

### Kalorien- und Fettbomben erkennen und vermeiden

Haben Sie in einem Ausflugslokal schon mal ein Käsebrot bestellt? Sie bekommen meistens eine Scheibe Graubrot, und auf dem Brot liegen acht Scheiben Gouda-Käse. Oben im Käsebrot stecken zwei Salzstangen und rundherum ist ein bisschen Paprikapulver gestreut. Das ist kein Käsebrot, das ist eine Fett- und Kalorienbombe.

Ich selbst habe meine ersten 40 Lebensjahre eine ganz normale westliche Ernährung bevorzugt. Zum Frühstück gab es täglich drei weiße Brötchen,

*Kalorien- und Fettbomben tun Ihrem Körper nichts Gutes.*

belegt mit Butter, Gouda und Marmelade. Die Marmelade strich ich oben auf jede Scheibe Käse. Im Prinzip war ich danach so satt, dass ich in der Mittagszeit keinen Hunger hatte. In der Universität und später während meiner beruflichen Tätigkeit im Krankenhaus aß ich nie zu Mittag. Am frühen Nachmittag meldete sich natürlich die erste Heißhungerattacke. Dann aß ich zunächst einen Schokoriegel. Wenn ich abends nach Hause kam, hatte ich wieder furchtbaren Hunger. Ich wählte den bequemen Weg und aß viel zu oft Pizza oder Pommes frites. Mein Lieblingsgericht zum Abendessen war ein Gyrosteller. Der bestand aus Gyrosfleisch, Pommes, Tsatsiki, Zwiebeln und etwas Salat. Fast jeden Abend gab es dazu eine oder zwei Flaschen Bier und mindestens zweimal in der Woche eine ganze Tüte Kartoffelchips.

*Ich habe es zwar manchmal geschafft, kurzfristig Gewicht zu verlieren, doch letzten Endes bin ich über die Jahre immer dicker geworden.*

Wenn ich beruflich auf Reisen war, habe ich mich fast ausschließlich von Fastfood ernährt. Schon im Jugendalter war ich mit meinem Aussehen nicht zufrieden. Kein Wunder, denn ich schaffte es, von meinem 19. bis zum 21. Lebensjahr mehr als 15 Kilo zuzunehmen. Schon damals begann ich mit den ersten Diätversuchen. In einem sündhaft teuren Bodybuilding-Studio war ich angemeldet, bin aber nie hingegangen. Ein Beweisfoto meines schrecklichen Bauches sollte mich selbst unter Druck setzen. Alles vergeblich. Ich habe es zwar manchmal geschafft, kurzfristig Gewicht zu verlieren, doch letzten Endes bin ich über die Jahre immer dicker geworden. Mit dem heutigen zeitlichen Abstand und der Reflexion meiner Lebensgeschichte muss ich im Nachhinein sagen, dass mein Diabetes im Alter von 40 Jahren das Beste war, was mir passieren konnte. Wenn mein eigener Körper nicht: „So geht es nicht weiter" gesagt hätte, hätte ich es niemals geschafft, meine Ernährung auf gesund umzustellen.

## Vegetarisch: Wie gesund ist diese Ernährung wirklich?

Vegetarier verachten das Töten von Tieren. Deshalb essen sie weder Fleisch noch Fisch. Echte Vegetarier benutzen auch keine Produkte aus Leder. Mit einer vegetarischen Ernährung können Sie problemlos Ihr Leben lang durchhalten. Wenn Sie sich dabei abwechslungsreich ernähren, laufen Sie überhaupt nicht Gefahr, in eine Mangelernährung abzurutschen. Die vegetarische Ernährung zählt deshalb zu den gesunden Ernährungsformen. Ganz wichtig dabei sind Milch, Milchprodukte, Käse und Eier. Sie gehören zwingend zu einer vegetarischen Ernährung dazu.

*Die vegetarische Ernährung zählt zu den gesunden Ernährungsformen.*

Vielleicht haben Sie auch schon gute Erfahrungen mit einer vegetarischen Ernährung gemacht. Generell lässt sich sagen, dass Vegetarier meist wesentlich schlanker als der Rest der Bevölkerung sind. Berühmte Vegetarier sind zum Beispiel Julia Roberts und Albert Einstein.

## Steigerung der vegetarischen Ernährung: die Veganer

Die vegane Ernährung ist eine Steigerung der vegetarischen Ernährung. Dabei verzichten Veganer zusätzlich auf alle Produkte, die durch Tiere produziert werden. Das bedeutet, Veganer essen keinen Käse, keine Eier und keinen Honig, sie trinken auch keine Milch. Vegane Ernährung wird sehr kritisch betrachtet, denn es steht außer Frage, dass Sie bei einer konsequenten Anwendung der veganen und auch vegetarischen Ess-Regeln in eine Mangelernährung abrutschen. Um dem entgegenzuwirken, müssen Sie Ihrem Körper bestimmte Stoffe zuführen. Deshalb müssen Sie bei dieser Ernährungsform auf Folgendes achten:

### Vitamin $B_{12}$

Vitamin $B_{12}$ ist ein lebenswichtiges Vitamin, das Ihr Körper unbedingt benötigt, um optimal zu funktionieren. Besonders bei der veganen Ernährung wird wenig $B_{12}$ bereitgestellt – es entsteht ein Vitamin-$B_{12}$-Mangel. Wenn Sie nicht gegensteuern, kann dieser Mangel tödlich sein. Eine Ernährungsform, die Sie letzten Endes umbringt, kann von Mutter Natur nicht für Menschen vorgesehen sein. Vitamin $B_{12}$ finden Sie ausschließlich in tierischen Lebensmitteln. Veganer müssen das Vitamin $B_{12}$ als Medikament zuführen. Die einzige Alternative ist, Sie verzehren einmal pro Woche ein Stück Fleisch oder zwei Eier.

**Vitamin D**

Ein weiteres Problem der veganen Ernährung stellt die Unterversorgung mit Vitamin D dar. Vitamin D ist nur in sehr wenigen pflanzlichen Lebensmitteln enthalten. Dazu zählen zum Beispiel einige Pilzarten wie Pfifferlinge und Champignons. Ansonsten sind es besonders die fettreichen tierischen Nahrungsmittel wie Fisch und Fischöl, die viel Vitamin D enthalten. Zwar können Menschen Vitamin D selbst synthetisieren, wenn die Haut (ohne Sonnenschutzmittel) der Sonne ausgesetzt wird. Aber dieses System funktioniert aufgrund der fehlenden dauerhaften Sonneneinstrahlung in unseren Breitengraden nicht optimal. Als echter Veganer müssen Sie deshalb zusätzlich Vitamin-D-Präparate einnehmen.

**Essenzielle Aminosäuren**

Vorsichtig sollten Veganer mit den sogenannten essenziellen (also lebenswichtigen) Aminosäuren sein. Das sind Aminosäuren, die der Körper nicht selbst herstellen kann, die aber für das Überleben notwendig sind. Essenzielle Aminosäuren müssen Sie mit Ihrer Nahrung aufnehmen. Wenn Sie tierische Produkte wie Eier, Huhn oder Lachs verzehren, sind Sie mit den essenziellen Aminosäuren ausreichend versorgt. Als Veganer müssen Sie einen sehr gut ausgefeilten und komplizierten Ernährungsplan erstellen, um eine ausgewogene Mischung verschiedener Lebensmittel aus Vollkornprodukten, Hülsenfrüchten, Soja und Gemüse zu sich zu nehmen. Nur so können Sie eine ausreichende Versorgung mit essenziellen Aminosäuren gewährleisten.

> *Als Veganer müssen Sie einen sehr gut ausgefeilten und komplizierten Ernährungsplan erstellen.*

**Eisen**

Ein weiteres Augenmerk sollte auf Ihren Eisenwert als Veganer gerichtet sein. Zwar enthalten viele pflanzliche Lebensmittel Eisen, wie zum Beispiel Bohnen, Tofu, Amaranth und Quinoa, jedoch kann der menschliche Körper das Eisen der Pflanzen nicht so gut aufnehmen wie Eisen aus tierischer Nahrung.

**Soja**

Besonders beliebte Lebensmittel der Veganer sind Sojaprodukte. Allerdings enthält Soja eine Vorstufe des weiblichen Hormons Östrogen. Wenn Sie sehr viel Soja verzehren, kann das Ihren natürlichen Hormonhaushalt durcheinanderbringen. Einige Wissenschaftler verdächtigen Soja sogar, Krebs auszulösen.

**Omega-3-Fettsäuren**

Und zu guter Letzt ist die Unterversorgung mit Omega-3-Fettsäuren ein immer wiederkehrendes Thema bei Veganern. Aus gutem Grund, denn diese Fettsäuren stecken vor allem in Fisch.

### Vegan – nur ein Phänomen der Neuzeit?

Es ist in der heutigen Zeit vor allem in Großstädten und bei jungen Frauen modern geworden, sich vegan zu ernähren. Dabei ist ein ganz großer Beweggrund, dass man keine Tiere töten möchte. Im Prinzip ist das ein ehrenwertes Motiv. Doch dafür reicht eine strikte vegetarische Ernährung. Natürlich spart die vegane Ernährung sehr viel Treibhausgase und verbrauchtes Wasser ein. Denn für die Herstellung von Fleisch und den Transport der Produkte muss viel Energie aufgewendet werden.

*Für die Herstellung von Fleisch und den Transport der Produkte muss viel Energie aufgewendet werden.*

Doch die untadeligen Beweggründe der Veganer können sich durchaus auch ins Gegenteil kehren. Es gibt Veganer, die hin und wieder einen solchen Heißhunger entwickeln, dass sie am Wochenende große Portionen konventionell hergestellter Kuchen aus der Tiefkühltruhe verzehren – voll mit Zucker und Chemie.

Grundsätzlich ist an Biofleisch nichts Schlechtes festzustellen. Kommen die Tiere aus ökologisch gesunder Haltung und werden sie sehr gut aufgezogen sowie gefüttert, gibt es prinzipiell kein Problem damit, das Tier zu schlachten und zu essen. Überhaupt kein Problem hätte ich persönlich damit, tierische Produkte von lebenden Tieren zu verzehren wie zum Beispiel Käse, Milch oder Eier. Auch hier sollte auf gute Bio-Qualität geachtet werden. Mein Großonkel hatte zum Beispiel frei laufende Hühner auf seinem Bauernhof. Es gab nichts moralisch Verwerfliches daran, immer frische Eier zu haben und manchmal ein Hähnchen in der Pfanne zu braten. Allerdings habe ich immer noch ein Problem damit, wenn eine Ernährungsform Medikamente benötigt, um zu funktionieren, so wie das bei streng veganem Leben der Fall ist.

Eine gute Aufteilung in Ihrem Ernährungsplan wäre, wenn Sie sechs Tage die Woche vegan und einmal, zum Beispiel immer sonntags, gutes (und wahrscheinlich teures) Biofleisch essen. Das sollten Sie sich selbst wert sein. Diese Form der Ernährung hat im Prinzip unsere Vorfahren alt werden lassen. Damals war Fleisch einfach zu teuer, um es täglich zu essen.

**Vorsicht vor veganer Chemie!**
Achten Sie darauf, dass Sie als Veganer keine Chemie mitessen. Denn Chemie und Zucker sind per definitionem vegan. Sie finden in vielen Supermärkten Produkte, die mit den Begriffen „vegan" oder „Veggie-" werben. Das liegt nicht daran, dass den konventionellen Herstellern plötzlich Ihre Gesundheit am Herzen liegt. Vegane Produkte können industriell noch viel billiger als fleischhaltige Lebensmittel produziert werden. Die Gewinnmarge der Hersteller ist dadurch deutlich größer. Sie finden Süßstoffe, Aromen, Konservierungsstoffe, Geschmacksverstärker und Farbstoffe. All diese Chemie gibt es in veganer Ausführung. Lesen Sie die Zutatenliste der veganen Produkte ganz genau durch, denn Chemie bleibt auch vegan ungesund. Wählen Sie anstatt einer mit Süßstoffen, Aromen und Konservierungsstoffen gefüllten Soja-Latte lieber einen herkömmlichen Filterkaffee mit einem guten Schuss Bio-Milch.

*Lesen Sie die Zutatenliste der veganen Produkte ganz genau durch, denn Chemie bleibt auch vegan ungesund.*

## Rohkost

Verfechter der Rohkost erhitzen ihre Speisen nicht. Rohköstler sind meistens gertenschlank. Allerdings werden viele Lebensmittel für den Menschen erst durch Erhitzen bekömmlich. Dazu zählen zum Beispiel fast alle Getreidesorten oder Fleischprodukte. Daraus kann eine Mangelernährung entstehen.

### FDH

Diese Abkürzung bezeichnet den Begriff „friss die Hälfte". Im Prinzip eine wunderbare Sache, denn bei dem heutigen Nahrungsmittelüberangebot wäre es problemlos möglich, immer nur die Hälfte zu essen. Sie hätten trotzdem von allen Vitalstoffen und den Kalorien mehr als genug. Ich persönlich habe in der Vergangenheit mehrfach versucht, FDH zu machen. Ich habe das Konzept sogar dahingehend abgeändert, dass ich eine Methode namens FZD („Friss zwei Drittel") erfunden habe. Allerdings werden Sie es nicht schaffen, von den schlechten Lebensmitteln der normalen westlichen Ernährung weniger zu essen. Die Aromen, Geschmacksverstärker und der Zucker machen es Ihnen fast unmöglich, nach der Hälfte der üblichen Menge aufzuhören.

Ein klassisches Beispiel sind die Kartoffelchips. Einmal damit angefangen, ist man durch die enthaltenen Geschmacksverstärker regelrecht „süchtig" und muss ständig weiteressen, manchmal obwohl man schon längst satt ist. Ganz davon abgesehen, wie hoch die Kalorienzahl einer Packung durch das enthaltende Frittierfett ist.

### Paleo

Die Paleo- oder auch Steinzeit-Ernährung ist ein relativ neuer Zweig der Ernährungslehre. Die Theorie dahinter: Wir Menschen haben 1,5 Millionen Jahre auf der Erde gelebt und uns ausschließlich von Fleisch, Gemüse, Fett, Nüssen, Samen, Pilzen, Eiern, Früchten sowie Wasser ernährt. Vor etwa 10.000 Jahren kamen Getreide- und Milchprodukte hinzu. Und erst seit 100 Jahren kennen wir Zucker in seiner Form als Haushaltszucker. Seit etwa 20 Jahren müssen wir Menschen gentechnisch veränderte Lebensmittel und Chemie im Essen erdulden. Die einleuchtende Schlussfol-

*Die Paleo- oder auch Steinzeit-Ernährung ist ein relativ neuer Zweig der Ernährungslehre.*

gerung aus dieser Tatsache lautet, dass Menschen nur das essen sollten, was bereits vor 100.000 Jahren zur Verfügung stand. Im Selbstversuch habe ich mit der Steinzeit-Ernährung experimentiert und verschrieb mich zwei Monate lang den Regeln dieser Ernährungsform. Danach verbesserten sich die Blutwerte, und ich verlor 4 Kilo an Gewicht. Mein Hungergefühl war weg. Nicht lange nach dem Ende meiner Steinzeit-Phase pendelte sich mein Gewicht wieder da ein, wo es vorher lag.

## Die Annette-Diät

Die Annette-Diät steht hier stellvertretend für all die Diätformen, die in den typischen Frauenzeitschriften verbreitet werden. Häufig finden sich auf Frauenzeitschriften Titelbilder, zu denen eine Diät beworben wird. Und regelmäßig unterhält sich jemand über die Diäten. Häufig laufen diese Dialoge wie folgt ab:

*Die Annette-Diät steht hier stellvertretend für all die Diätformen, die in den typischen Frauenzeitschriften verbreitet werden.*

Frau Müller: „Ach, ich hab ja jetzt die Annette-Diät gemacht."
Frau Meier: „So so, Frau Müller. Was war denn diesmal das Thema der Annette-Diät?"
Frau Müller: „Ja, es war eine Nudeldiät."
Frau Meier: „Eine Nudeldiät? So was Verrücktes habe ich ja noch nie gehört."
Frau Müller: „Doch, doch, ich musste nur die Nudelsoßen weglassen, denn in den Nudelsoßen stecken die Kalorien. Und dann habe ich morgens, mittags und abends Nudeln gegessen."
Frau Meier: „Aber das schmeckt doch gar nicht, den ganzen Tag nur Nudeln essen …"
Frau Müller: „Ja, das stimmt schon. Es war ein bisschen fad. Aber ich habe vier Pfund abgenommen."
Frau Meier: „Und wie lange ist das jetzt her?"
Frau Müller: „Das war vor den Feiertagen, jetzt habe ich aber insgesamt wieder 1 Kilo drauf."

Gerne werden die Zahlen „geschönt", in dem bei der Gewichtsabnahme in Pfund und bei der Gewichtszunahme in Kilogramm gesprochen wird. Mit dem Diäten aus Frauenzeitschriften schafft es kaum jemand, dauerhaft abzunehmen und sein neues Gewicht zu halten. Im Gegenteil: Häufig steigert sich die Lust aufs Schlemmen nur noch mehr, und es kommt zum gefürchteten Jo-Jo-Effekt. Solche Diäten funktionieren einfach nicht.

## Trennkost

Die Idee der Trennkost ist bereits mehr als 100 Jahre alt. Der grundlegende Gedanke der Trennkost ist, dass Eiweiße und Kohlenhydrate nie zusammen gegessen werden, also bei der Ernährung voneinander getrennt werden. Das bedeutet, dass Lebensmittel, die Eiweiß und Kohlenhydrate zusammen enthalten, wie zum Beispiel Wurst oder Hülsenfrüchte, generell verboten sind. Außerdem müssen Gemüse, Salat und Obst etwa drei Viertel Ihres täglichen Speiseplans ausmachen.

*Wenn Sie sich nach den Prinzipien der Trennkost ernähren, nehmen Sie garantiert ab.*

Wenn Sie sich nach den Prinzipien der Trennkost ernähren, nehmen Sie garantiert Gewicht ab. Der Grund dafür liegt ganz einfach darin, dass Sie weniger Kalorien zu sich nehmen. Denn an der Übersäuerungs-These, die von den Verfechtern der Trennkost gerne angebracht wird, ist nichts dran. Ihr Körper ist durchaus in der Lage, Eiweiße und Kohlenhydrate zusammen zu verarbeiten. Der Säure-Basen-Haushalt gerät durch Nahrung niemals aus dem Gleichgewicht.

Wenn Sie Trennkost ausprobieren, stellen Sie fest, dass die klassischen Dickmacher wie Fleisch, Milch und Käse die Minderheit im Diätplan der Trennkost ausmachen. Vielleicht werden Sie von einer reinen Eiweiß-Mahlzeit nicht vollständig satt. Übrigens: Der Körper reagiert immer mit Verstopfung auf eiweißreiche Kost ohne Gemüse. Nach einigen Wochen steigt möglicherweise der Harnstoffwert im Blut an, und es droht ein Gichtanfall.

Jede Art der Trennkost müssen Sie mit Ehrgeiz und großer Konsequenz verfolgen. Alle gesundheitlichen Verbesserungen beruhen aber lediglich auf der Reduktion Ihrer täglichen Kalorienmenge. Wenn Ihnen Sätze wie „Sie dürfen nie wieder Spaghetti bolognese oder Schnitzel mit Kartoffeln essen" zu grausam sind, ist Trennkost nichts für Sie. Die Einteilungen der einzelnen Lebensmittel in die Schemata der Trennkost sind absurd und wissenschaftlich nicht seriös zu begründen. So dürfen Sie zum Beispiel gekochte Wurst oder Käse nicht zu Brot essen, rohen Schinken und Lachs dagegen schon.

### Ayurveda-Kost

Hier steht die Bekömmlichkeit der Speisen im Vordergrund. Im fernen Osten leben Millionen von Menschen seit Jahrtausenden mit gewissen Kombinationen von Speisen nach den Regeln des Ayurveda. Heutige Wissenschaftler müssen immer öfter einräumen, dass sie erst jetzt die Zusammenhänge erkennen, die in den alten Kulturen einfach hingenommen wurden. Die Menschen wussten zwar nie, warum dies oder jenes geholfen hat, aber es hat eben geholfen. In einigen Großstädten finden Sie Restaurants, die Ayurveda-Kost anbieten. Lassen Sie sich überraschen, wie bekömmlich das Essen dort ist.

### 5-Elemente-Kost

Diese Kost-Form kommt aus China und wird dort seit Jahrtausenden praktiziert. Alle Nahrungsmittel werden den fünf Elementen Holz, Feuer, Metall, Wasser und Erde zugeordnet. Eine Ernährung nach diesem Prinzip ist weder vegetarisch noch vegan. Und Rohkost wird weniger empfohlen, da der Verzehr dem Körper sehr viel Energie raubt. Ziel ist es, das Sie alle fünf Elemente in Ihrer Mahlzeit vorfinden, im Prinzip also eine ausgewogene Nahrung. Lösen Sie sich dabei von einem streng chemisch-physikalischen Gedanken der Elemente. Die Zuordnung zu den einzelnen Elementen beruht auf der Erfahrung vieler Generationen. So werden Orangen zum Beispiel dem

> *Eine Ernährung nach diesem Prinzip ist weder vegetarisch noch vegan.*

Element Holz, scharfe Gewürze oder Gänsebraten dem Element Metall, Artischocken und Schafskäse dem Element Feuer, Butter und Rindfleisch dem Element Erde oder Oliven und roher Schinken dem Element Wasser zugeordnet. Diese Ernährungslehre verzichtet auf Tiefkühlkost und Konserven, da sie die Energie in Ihrem Körper rauben. Eine täglich frisch gekochte Nahrung mit frischen Zutaten aus der Region wird empfohlen.

## Vollkorn

In der Vollkorn-Nahrung stecken viele Ballast- und Vitalstoffe im vollen Korn, also in der Schale, die bei Auszugsmehlen entfernt wird. Unbestritten machen Vollkornprodukte länger satt und lassen den Blutzucker nicht so schnell ansteigen. Wenn Sie konsequent Vollkornprodukte verwenden, können Sie den gleichen Effekt erzielen wie einige Tabletten gegen Diabetes. Allerdings ist oft die Verträglichkeit des Vollkorns nicht so gut. Es kommt gehäuft zu Magenkneifen und Blähungen. In der Tat essen die Menschen in Asien seit Urzeiten weißen Reis und keinen Vollkorn-Reis. Trotzdem finden Sie Populationen, die überdurchschnittlich alt werden und dabei sehr gesund sind. Ich selbst habe hervorragende Erfahrungen mit der Vollkorn-Ernährung bei der Therapie meines Diabetes gemacht.

*Oft ist die Verträglichkeit des Vollkorns nicht so gut.*

## Kalorien-Zählen

Sie können die Kalorien in Ihrem Essen selbst zählen oder teure Zählprogramme professioneller Firmen verwenden. Manchmal müssen die Kalorien in ein Punktesystem umgerechnet werden. Wenn Punkte oder Kalorien einen Oberwert erreicht haben, müssen Sie sich Essen verweigern. Mit den richtigen Lebensmitteln ist das Zählen bis zum Sattwerden kein Problem. Wenn Sie allerdings schlemmen wollen, ohne an Kalorien zu denken, liegen Sie beim Kalorien-Zählen falsch.

## 24-Stunden-Diät

Das bedeutet, dass Sie sich absichtlich in einen sogenannten Hungerast begeben, indem Sie auf nüchternen Magen hochintensives Ausdauertraining betreiben. Konkret: Nach nur einem Kaffee am Morgen joggen Sie zwei Stunden mit starker Anstrengung. In diesem Training müssen Sie einmal sehr unangenehme 20 Minuten überwinden. In dieser Zeit stellt Ihr Körper von einer Energiegewinnung aus Kohlenhydraten auf Fettverbrennung um. Achtung: Sie dürfen diese Methode nicht praktizieren, wenn Sie Medikamente gegen Diabetes einnehmen! Es droht Lebensgefahr durch eine unkontrollierbare Unterzuckerung. Wenn Sie von Ihrem zweistündigen Ausdauertraining zurückkommen, essen Sie 24 Stunden lang ausschließlich Eiweiß, zum Beispiel Rührei, Fisch oder Hähnchen. Als Beilage gibt es grünes Gemüse wie Spinat, Kohl, Gurken oder Salat. Ihr Körper hat dadurch keine Gelegenheit, seine geleerten Kohlenhydratspeicher durch Nahrung wieder anzufüllen, und baut das eigene Körperfett ab. Sie können 2 Kilo Fett in nur 24 Stunden verlieren, wenn Sie die 24-Stunden-Diät konsequent durchziehen.

**Meine persönliche Ernährung**

In meinen drei Büchern über Diabetes beschreibe ich ganz genau die Ernährung, mit der ich meinen Diabetes besiegt habe und mit der ich dauerhaft 25 Kilo Gewicht verloren habe. Ich möchte an dieser Stelle stichwortartig auf die Besonderheiten meiner persönlichen Ernährung eingehen. Ich verzehre nur gute Kohlenhydrate. Das bedeutet zum einen, dass ich viel Salzkartoffeln, Bohnen und echte Vollkornprodukte esse. Auf der anderen Seite beinhaltet diese Aussage, dass ich einen großen Bogen um Zucker, weißes Mehl, Auszugswaren und Pommes mache. Ich esse Erdnüsse statt Kartoffelchips, wenn ich knabbern möchte. Ich esse

*Mein Kaffeekonsum ist eingeschränkt, und bei Durst nehme ich ausschließlich Wasser zu mir.*

sehr viel Gemüse, das ich sehr gerne in hochwertigem Olivenöl anbrate. Ich trinke wenig Kaffee. Wenn ich Durst habe, trinke ich ausschließlich Wasser. Wenn ich feiere (oder mich betrinken möchte) greife ich zu trockenen Weinen oder klarem Schnaps. Bier trinke ich gar nicht mehr. Ich esse Fleisch, Eier, Fisch und Käse. Alle diese Produkte verzehre ich in Bio-Qualität. Gleiches gilt für Quark, Joghurt und Milch. Produkte, in denen Chemie steckt, kaufe ich generell nicht ein. Also lebe ich ohne Geschmacksverstärker, Konservierungsstoffe, Farbstoffe und Aromen. Ich verwende Fett und Öl, aber ich achte auf stoffwechselaktive Fette (Avocado-, Oliven-, Rapsöl, Fisch). Im Prinzip esse ich so, wie die Menschen vor dem Zweiten Weltkrieg gelebt haben. Damals waren fast alle Menschen schlank, und es fehlte Ihnen an nichts.

> 1. Essen Sie so viel Gemüse, wie Sie können, gerne 1 Kilo am Tag.
>
> 2. Verzichten Sie auf Chemie im Essen. Chemie sind Geschmacksverstärker, Aromen sowie Farb- und Konservierungsstoffe. Zucker werten Sie ebenfalls als chemischen Stoff.

## Was haben alle Ernährungslehren gemeinsam?

Einigen Ernährungslehren liegen krude Theorien zugrunde. Andere wiederum stützen sich auf die Erfahrungen vieler Generationen. Doch zwei Erkenntnisse haben alle Ernährungslehren gemeinsam:

Je mehr Chemie in Ihrem Körper steckt, desto schwieriger wird es für Sie, auf Zucker zu verzichten. Andersherum bedeutet das: Je weniger Chemie Sie essen, desto besser können Sie auch mal auf eine Mahlzeit verzichten. Sie würden es nicht bemerken, denn Heißhungerattacken wären Ihnen fremd.

### Crash-Kurs Diabetes

- Es ist keine Schande, Diabetes zu haben. Fast die Hälfte aller Menschen trägt die Veranlagung für Diabetes Typ II in ihren Genen. Potenzielle Typ-II-Diabetiker waren diejenigen Menschen, die in der Steinzeit überlebt haben. Ohne die Veranlagung für Diabetes wäre die menschliche Rasse damals ausgestorben. Es ist nur eine Schande, wenn Sie nichts gegen die Krankheit unternehmen.

- Diabetes Typ I und Typ II sind zwei grundlegend verschiedene Krankheiten. Diabetes Typ I ist unheilbar, die Patienten müssen ständig Insulin spritzen. Diabetes Typ II ist dagegen heilbar.

- Diabetes Typ II wird durch Übergewicht ausgelöst. Mangelnde körperliche Bewegung und Stress verstärken den Typ-II-Diabetes.

- Sie müssen unterscheiden zwischen der Tatsache, dass Sie Diabetes haben und bereits Folgeschäden aufgrund Ihres Diabetes entwickeln. Die Aussage „Ich habe Diabetes" bedeutet nichts anderes als der Satz „Mein Blut ist zu süß". Darauf könnten Sie mit den Worten antworten „Na und, dann ist das Blut eben zu süß". Sie haben völlig Recht, zu süßes Blut ist eigentlich nichts Schlimmes. Dummerweise führt zu süßes Blut aber über die Jahre zu schlimmen Folgeschäden in Ihrem Körper. Ihre Augen, Ihre Nerven, Ihre Füße, Ihre Nieren, Ihr Herz und Ihr Gehirn erleiden schlimme Krankheiten. Diese Krankheiten können tödlich enden. Und Sie bekommen sie nicht mehr weg, wenn sie einmal eingetreten sind. Gegen Diabetes Typ II (das „süße Blut") können Sie dagegen erfolgreich vorgehen.

- Sie können Diabetes Typ II durch eine Änderung Ihrer Lebensweise, mit Tabletten oder durch Insulin-Spritzen in den Griff bekommen. Ein Typ-II-Diabetiker bleibt ein Typ-II-Diabetiker, auch wenn er Insulin spritzen muss.

- In spätestens 20 Jahren wird unser Gesundheitssystem kollabieren, weil die Kosten, die durch Typ-II-Diabetiker entstehen, nicht mehr bezahlt werden können.

- Jeder Typ-II-Diabetiker bekäme seinen Diabetes los, wenn er richtig schlank wäre, zweimal die Woche etwas Sport treiben würde und keinen Stress hätte. So ist Diabetes Typ II definiert. Wenn Sie alle drei Punkte erreicht haben und trotzdem erhöhte Zuckerwerte aufweisen, haben Sie keinen Typ-II-Diabetes. Dann ist es eine andere Diabetes-Form.

- Erhöhter Zuckerkonsum ist ganz eng mit dem Entstehen der Diabetes-Krankheit verknüpft. Ihr Hausarzt führt die Blutuntersuchung durch, die hoffentlich positiv ausfällt. Doch Sie sollten einen Schritt weitergehen und eine Leistung selbst durchführen, die Ihr Hausarzt nicht für Sie erledigen kann. Es gibt einen Parameter, der Jahre vor dem Auftreten der Zuckerkrankheit nachweisbar ist. Das ist die „pathologische Glukosetoleranz". Wenn bei dieser Untersuchung Ihre Zuckerwerte in Ordnung sind, brauchen Sie sich keine Sorgen zu machen. Dann bekommen Sie in nächster Zeit keinen Diabetes.

**Experiment:** Kaufen Sie sich ein Blutzuckermessgerät, komplett mit Piekser und Teststreifen. Die günstigen Geräte bekommen Sie in größeren Supermärkten oder Elektrofachgeschäften. Sie testen wie folgt, ob Sie eine pathologische Glukosetoleranz haben: Trinken Sie 1 Liter einer zuckerhaltigen Limonade, aber kein Light-Produkt! Trinken Sie die Flüssigkeit so schnell aus, wie Sie können. Dann warten Sie 60 Minuten ab und führen eine Blutzuckermessung durch. Halten Sie sich an die Bedienungsanleitung Ihres Blutzuckermessgeräts. Wenn Ihre Zuckerwerte über 120 mg/dl betragen, haben Sie eine pathologische Glukosetoleranz. Dann herrscht in Ihrem Körper schon eine Insulinresistenz. Wenn Sie nichts an Ihren Lebensumständen ändern, werden Sie in den nächsten Jahren zum Diabetiker werden.

Die Taxifahrer in den Kurorten bieten Diabetikern folgenden Service mit den Worten an: „Soll ich abends um 23 Uhr in der Tiefgarage mit Wein und Schinken auf Sie warten?" Warum bieten die Taxifahrer ausgerechnet Wein und Schinken an? Beides schlägt nicht auf Ihren Blutzucker.

## Machen Sie Lebensmittel-Experimente

In den 1920er Jahren war es sehr einfach. Es gab keine Supermärkte, stattdessen gab es in Deutschland überall die sogenannten „Tante-Emma-Läden". Gentechnisch veränderte Lebensmittel oder Chemie im Essen waren den Menschen zu dieser Zeit vollkommen fremd. Nur die Instant-Fleischbrühe war bereits erfunden. Aber generell waren die Menschen damals gezwungen, Bio-Lebensmittel zu kaufen, denn es gab nichts anderes. Das hat sich geändert. Sie müssen heutzutage genau wissen, was Sie einkaufen wollen. Sie können durch die geschickte Auswahl der Lebensmittel Ihre Gesundheit verbessern oder durch gedankenloses Einkaufen Ihre Blutwerte ruinieren. Dabei macht es keinen Unterschied, ob Sie in einem teuren Premium-Supermarkt, beim Discounter oder im Bio-Laden einkaufen. Das gilt besonders für das Thema Zucker. Sie können beim Discounter Lebensmittel einkaufen, die gut für Ihren Blutzucker sind, und Sie können im Bio-Laden einen ganzen Einkaufswagen mit Zuckerbomben nach Hause fahren.

Ein paar der nachfolgenden Experimente haben nicht direkt mit Zucker zu tun. Ich möchte Ihnen den Grund nennen, warum Geschmacksverstärker und Aromen trotzdem Ihren Zuckerkonsum beeinflussen. Diese Stoffe sind sozusagen der Gegenspieler vom Zucker. Es ist wie bei hell und dunkel, oben und unten, Yin und Yang. Wenn Sie stark aromatisierte Speisen mit Geschmacksverstärker essen, brauchen Sie als Nachtisch einen stark gezuckerten Pudding. Sonst würde Ihnen der Pudding fad vorkommen. Wenn Sie also in Zukunft wirklich vom Zucker lassen wollen, sollten Sie sich mit der restlichen Chemie im Essen beschäftigen. Sonst verschieben Sie Ihr Geschmacksempfinden in eine andere, aber ebenso ungesunde Richtung. Gesundes Essen kommt ohne Zucker und ohne jegliche Chemie aus.

### Experiment 1: Zucker

Finden Sie heraus, wie viel Zucker in Limonade und Cola steckt. Dazu lesen Sie die Zutatenliste durch. Sie müssen die angegebenen Mengen auf die ganze Flasche umrechnen.

Auch in Bio-Limonade steckt immer Zucker. Am Ende finden Sie heraus, dass etwa 40 Stück Würfelzucker in 1 Liter Getränk schlummern.

### Experiment 2: Salz

Versuchen Sie Speisesalz zu kaufen, das nur aus Salz besteht. Das mag sich komisch anhören. Doch Sie finden normalerweise immer Chemie im Salz. Meist handelt es sich dabei um Trennmittel. Doch wollen Sie wirklich Natriumhexacyanidoferrat oder Aluminiumhydroxid mitessen? Diese Stoffe helfen nicht Ihnen, sondern den Herstellern. Wenn Sie Salz essen wollen, essen Sie Salz und sonst nichts.

### Experiment 3: Tomatenmark

Versuchen Sie, Tomatenmark zu kaufen, das nur aus Tomaten hergestellt ist. Im Tomatenmark finden Sie meist Zitronensäure. Zitronensäure hört sich harmlos an, ist aber der gehübschte Name für E 330. Zitronensäure verstellt Ihre Geschmacksnerven und greift Ihre Zähne an.

### Experiment 4: Schinken

Kaufen Sie Schinken, der nur aus Schweinefleisch und Salz hergestellt wurde. Mit etwas Glück finden Sie solche Produkte beim Discounter. Doch die allermeisten Schinkensorten enthalten Natriumnitrit oder Natriumnitrat.

### Experiment 5: Salami

Kaufen Sie Salami, die ohne Zugabe von Natriumnitrit oder Natriumnitrat hergestellt wurde. In einem normalen Supermarkt werden Sie ein solches Produkt nicht finden. Sie müssen für diese Art Salami in einen Bio-Laden gehen. Sowohl im normalen Supermarkt als auch im Bio-Laden wird Ihnen auffallen, dass die Ware an der Fleischtheke überhaupt nicht deklariert sein muss. Sie können sich sicher sein, dass in der billigen Salami an der Fleischtheke ebenso viele Hilfsstoffe eingearbeitet worden sind wie in die billige Salami aus der Selbstbedienungstheke.

An der SB-Theke können Sie die Zutatenliste auf den Produkten durchlesen. Um wirklich Klarheit zu bekommen, müssen Sie die Fachkraft hinter der Fleischtheke fragen. Heutzutage führen alle Fleischtheken ausführliche Verzeichnisse über die Inhaltsstoffe ihrer Erzeugnisse. Die Mitarbeiter sind gerne bereit, Ihnen diese Listen zu zeigen. Bitte tun Sie den Mitarbeitern den Gefallen, und gehen Sie nicht gerade am Samstagvormittag für Ihre Recherche in den Supermarkt. Tun Sie das zu Zeiten, an denen nicht viel los ist. So stressen Sie sich selbst und das Personal weniger.

**Experiment 6: Zucker**

Entdecken Sie neue Namen für das Wort Zucker. Denn die Hersteller von Fertig-Produkten versuchen geradezu zwanghaft, diesen Begriff in der Zutatenliste zu vermeiden. Suchen Sie sich also ein paar typisch süße Nahrungsmittel aus. Oft versteckt sich der Zucker in Worten wie Sirup, Glukose oder Fruktose.

## Ausreden, Ausreden, Ausreden

Ich will mich absolut nicht über übergewichtige Menschen lustig machen. Ich selbst war 20 Jahre meines Lebens fettleibig. Aber ich weiß, dass alle korpulenten Menschen nicht glücklich sind. Manche sprechen darüber, aber die meisten Übergewichtigen bemerken erst, dass ihr Leben nicht optimal war, wenn sie es tatsächlich geschafft haben, Gewicht zu verlieren.

Ein weiterer Aspekt zieht sich wie ein roter Faden durch das Leben der Übergewichtigen: die Ausrede, warum sie dick sind.

- *„Ich habe schwere Knochen."* „Natürlich weiß jeder Übergewichtige, dass die eigene Körperfülle nicht von der Knochenschwere herrührt. In der Tat werden die Knochen des Dicken ein bisschen stärker, weil sie mehr Masse zu tragen haben. Aber das Röntgenbild eines übergewichtigen Menschen unterscheidet sich nicht sehr von dem eines dünnen Menschen.
- *„Es liegt an meinen Drüsen."* Dieser Spruch war in meiner Jugend populär. Es gab damals einen wunderbaren Fernseh-Sketch mit einer übergewichtigen Schauspielerin. In diesem Sketch isst die Schauspielerin ein Stück Schwarzwälder Kirschtorte nach dem anderen, und am Ende kommt die Pointe, als sie sagt: „Dass ich so moppelig bin, liegt ja an meinen Drüüüüüsen."
- *„Meine Hormone sind schuld."* Das ist nichts anderes als die Neuinterpretation des vorangegangenen Spruches.
- *„Mein Mikrobiom arbeitet zu gut."* Ein ganz neues Forschungsfeld in der Ernährungswissenschaft ist das Mikrobiom. Dieser Begriff bezeichnet die Gesamtheit aller Bakterien, die in Ihrem Körper leben. In Ihrem Darm finden Sie Myriaden an hilfreichen Bakterien, die Ihre Verdauung regulieren. Und es scheint tatsächlich so zu sein, dass im Darm der dicken Menschen andere Bakterien leben als bei dünnen Menschen.

*Es ist einfach auffällig, dass schlanke Menschen weniger essen.*

Doch leider lautet die Wahrheit: Das sind alles nur Ausreden! Beobachten Sie aufmerksam, wie und was Menschen essen. Dieses Erlebnis gelingt sehr gut in Urlaubshotels oder in den großen amerikanischen Fastfood-Ketten. Es ist einfach auffällig, dass schlanke Menschen weniger essen. Warum das so ist, ist wiederum eine ganz andere Frage.

## Gehen Sie zum Arzt

Auch wenn Sie sich gesund fühlen, sollten Sie zum Arzt gehen und Ihre Werte prüfen lassen. Wie steht es um Ihr Cholesterin? Wie sind Ihre Blutzuckerwerte? Wie geht es Ihrer Leber und Ihren Nieren? Wenn Sie lange nicht mehr beim Hausarzt waren, wird Ihr Arzt zusätzlich ein EKG schreiben und Ihren Blutdruck kontrollieren. Wenn Sie vorhaben, Ihre Ernährung umzustellen, sollten Sie Ihr Hauptaugenmerk nicht auf Ihr Gewicht legen. Machen Sie sich nicht zum Sklaven Ihrer Waage: Prüfen Sie nicht täglich Ihr Gewicht. In erster Linie sollte es darum gehen, Ihre Zuckersucht zu beenden und für Ihr persönliches Wohlbefinden zu sorgen. Dann werden Sie immer besser aussehen und schlanker wirken.

Sollte es Ihnen jedoch gelingen, Muskeln aufzubauen, wird Ihr Verlust an Körpergewicht geringer ausfallen. Wenn Sie wirklich Bodybuilding betreiben, werden Sie sogar an Gewicht zulegen. Vergessen Sie also Ihre Waage.

## Jetzt geht's los

Sie wissen jetzt sehr viel über Zucker. Ihnen ist klar, dass Zucker eigentlich als eine suchtgefährdende, krank machende Droge und nicht als Lebensmittel katalogisiert werden sollte. Das wird in den nächsten Jahrzehnten von Seiten der Gesetzgebung nicht geschehen. Wenn Sie auf Zucker verzichten, werden Ihre körperlichen Entzugserscheinungen spätestens nach einer Woche nachlassen. Sollten Sie nach drei Wochen konsequentem Zucker-Verzicht immer noch ein unbändiges Verlangen nach Zucker haben, liegt die wahre Ursache in Ihrer Psyche (oder Sie haben ständig heimlich Zucker genascht).

Der richtige Weg führt weg von der künstlichen Süßung Ihrer Speisen. Denn das macht Sie krank. Sind Ihre Geschmacksnerven wieder normal, reicht Ihnen eine sanfte natürliche Süßung aus. Zucker werden Sie nicht wieder benutzen wollen. In den nächsten Kapiteln geht es darum, wie Sie es ganz konkret schaffen können, vom Zucker zu lassen. Ute Schüwer beschreibt außerdem aus ihrer Coaching-Praxis, wie Sie es sich so leicht wie möglich machen können, dauerhaft auf Zucker zu verzichten.

*In den nächsten Kapiteln geht es darum, wie Sie es ganz konkret schaffen können, vom Zucker zu lassen.*

# Wie Sie die Bremse lösen können

Ute Schüwer

Stellen Sie sich vor, Sie sitzen auf einem Fahrrad und strampeln mit all Ihrer Kraft. Gleichzeitig ziehen Sie sowohl die Vorderrad – als auch die Hinterrad-Bremse. Das ist sehr anstrengend und bringt Sie auf Ihrem Weg nicht einen Schritt weiter. Genau das ist es, was meistens passiert, wenn wir den Vorsatz fassen, uns gesünder zu ernähren, und zum Beispiel unseren Zuckerkonsum reduzieren wollen. Vielleicht haben Sie bislang schon mehrere misslungene Versuche unternommen, auf Zucker zu verzichten, und haben das Ihrer mangelnden Willenskraft zugeschrieben. Irgendwann haben Sie es vielleicht aufgegeben, weil Sie es Ihrer Meinung nach sowieso nie schaffen. Vielleicht erscheint Ihnen ein Leben ohne Kuchen oder Schokolade auch völlig unvorstellbar, und deshalb haben Sie noch nie einen Versuch unternommen.

## Gewohnte Muster überwinden

Der Grund dafür, dass es so schwer ist, dauerhaft Zucker zu reduzieren (das Gleiche gilt übrigens auch für andere gesundheitsförderliche Ernährungsumstellungen), ist: Wenn wir uns eine Veränderung unserer Lebensgewohnheiten vornehmen, findet in unserem Gehirn ein Zusammenspiel von bewussten Entscheidungen und unbewusst ablaufenden Gewohnheitsmustern statt. Diese unbewusst ablaufenden Muster bewirken oft genau das Gegenteil von dem, was Sie sich bewusst vorgenommen haben. Das heißt, Sie geben Gas, strampeln in Richtung gesunder Ernährung und stehen gleichzeitig auf der Bremse. Um die Bremse zu lösen, ist es wichtig, diese Muster zu erkennen. Ich möchte Ihnen in diesem Kapitel aufzeigen, welche Bremsen im Kopf üblicherweise existieren, wenn wir uns gute Vorsätze vornehmen. Und Sie erfahren, wie Sie diese Bremsen lösen können, um tatsächlich Fahrt aufzunehmen.

Wichtig ist: In diesem Kapitel geht es noch nicht darum, Ihren Zuckerkonsum zu reduzieren. Bitte nehmen Sie während der Lektüre weiter nach

Lust und Laune Süßes zu sich. Ich möchte Sie einladen zu einer interessanten Entdeckungsreise, während der Sie sich besser kennenlernen und Neues ausprobieren können.

Die praktischen Übungen können Sie entweder sofort mitmachen, oder Sie lesen das Kapitel zu Ende und wenden sich anschließend den Übungen zu. Eventuell möchten Sie diese Seiten mit einer Person gemeinsam durcharbeiten, die sich ebenfalls gerne gesünder ernähren möchte. Dann können Sie sich über Ihre Erfahrungen austauschen, sich gegenseitig unterstützen und so bei der Stange bleiben.

## Die 4 Zucker-Bremsen

Nach meiner Erfahrung gibt es vier große Bremsen, die dafür sorgen, dass wir bei Zucker immer wieder schwach werden.

---

**1. Die Wunschziel-Bremse:**
Überhöhte oder negativ behaftete Zielvorstellungen motivieren Sie nicht.

---

**2. Die Selbstkritik-Bremse:**
Ein zu kritischer Blick auf sich selbst demotiviert Sie und fördert eher Ihren Zuckerkonsum.

---

**3. Die Glücks-Bremse:**
Mit Zucker sind so viele positive Vorstellungen verbunden („Zucker macht glücklich", „… schmeckt gut", „… beruhigt", „… ist mit positiven Kindheitserinnerungen verbunden" usw.) – wer möchte schon freiwillig auf so viel Angenehmes verzichten?

---

**4. Die Gemeinschafts-Bremse:**
„Es ist doch unhöflich, bei Einladungen alles abzulehnen…"

# 1. Die Wunschziel-Bremse

Ihre größte Hilfe bei einem geplanten Veränderungsprojekt ist eine positive und motivierende Zielvorstellung von dem, was Sie erreichen möchten. Das Gleiche gilt für einen großen Traum oder Wunsch, den Sie verwirklichen wollen, zum Beispiel eine sechsmonatige Weltreise, eine berufliche Veränderung oder eben eine Veränderung Ihrer Lebensgewohnheiten. Wenn Sie schon den Versuch gewagt haben, Ihre Ernährungsgewohnheiten zu ändern, aber nicht lange durchgehalten haben, hat es vielleicht mit den inneren Bildern und den Ideen von Ihren Wunschvorstellungen zu tun.

**Wünsche notieren**

Als Erstes möchte ich Sie deshalb einladen aufzuschreiben, was Sie sich persönlich von diesem Ratgeber erhoffen. Was ist Ihr Herzenswunsch? Was möchten Sie gerne verändern? Nehmen Sie sich einen Moment Zeit und schreiben Sie auf, was Sie sich wünschen:

„Ich wünsche mir …"

**Gedanken und Gefühle aufschreiben**

Jetzt möchte ich Sie zu einem kleinen Experiment einladen: Schreiben Sie bitte spontan auf, welche Gedanken und Gefühle auftauchen, wenn Sie diese Begriffe hören:

„abnehmen"

„Gewichtsverlust"

.........................................................................................

„sich gesund ernähren"

.........................................................................................

„auf Zucker verzichten"

.........................................................................................

## Wunschziel-Bremse 1: Negativ behaftete Zielvorstellungen

Ich habe einige Menschen nach Ihren Assoziationen zu diesen Begriffen gefragt. Viele verbinden damit eher negative Gedanken und Gefühle. Häufig tauchen zum Beispiel Gedanken auf wie:
- „Das ist unglaublich anstrengend, das ist gar nicht zu schaffen", „Dafür muss man ja hungern", „Das schaffe ich sowieso nicht."
- „Das klingt genuss- und lustfeindlich", „Dann habe ich ja keinen Spaß mehr im Leben."
- „Es ist uncool, so diszipliniert zu sein", „Viel zu angepasst, vernünftig und langweilig, so will ich nicht sein."
- „Das verbinde ich mit verbiesterten, verhärmten, schlecht gelaunten Menschen."

Diese Gedanken sind oft mit starken Stress-, Überforderungs- oder Unlustgefühlen verbunden. Manche haben Empfindungen von Ohnmacht, Handlungsunfähigkeit oder Ähnliches. Falls bei Ihnen solche Gedanken und Gefühle aufkommen, stehen Sie vor einer interessanten Herausforderung: Einerseits möchten Sie vielleicht etwas für Ihre Gesundheit tun, sich attraktiv finden, gesund und beweglich sein, aber gleichzeitig scheint es eine

Seite in Ihnen zu geben, die genau diese Wünsche mit negativen Gedanken und Gefühlen verknüpft.

## Wenn Kopf und Bauch gegeneinander arbeiten

Diese negativen Bewertungen laufen meistens unbewusst ab. In unserer Alltagssprache nennen wir diese beiden Seiten in uns oft „Verstand" und „Bauchgefühl" oder, noch einfacher, „Kopf" und „Bauch". Man könnte also sagen: Ihr „Kopf" wünscht sich mehr Gesundheit, Beweglichkeit und einen attraktiven Körper. Ihr „Bauch" verbindet genau damit aber Vorstellungen von Anstrengung, Genussfeindlichkeit und absoluter Uncoolness.

So ist leicht nachzuvollziehen, dass Ihr „Bauch" überhaupt keine Lust verspürt, Ihrem vom „Kopf" bewusst gesetzten Ziel zu folgen – im Gegenteil, er wird alles versuchen, um all Ihre Anstrengungen auf Ihren Weg zu diesem Ziel zu torpedieren. Wenn bei Ihnen Begriffe wie „auf Zucker verzichten" oder „Gewicht verlieren" negative Gefühle auslösen, ist es völlig verständlich, dass Sie bislang keinen Versuch unternommen haben oder mit Ihren Bemühungen nicht dauerhaft erfolgreich waren. Der Grund dafür liegt aber nicht in Ihrer mangelnden Disziplin oder Willenskraft, sondern an einem noch nicht stimmig formulierten Ziel.

*Kopf und Bauch wollen oft nicht das Gleiche!*

Zwei Beispiele dazu …

### Fallbeispiel 1: Bettina, 54 Jahre

Bettina hat in den letzten Jahren immer leicht zugenommen, jedes Jahr ungefähr 1 Kilo. Früher konnte sie es leicht steuern und immer wieder ein bisschen abnehmen – in den letzten Jahren funktioniert das nicht mehr. Sie fühlt sich ratlos, ohnmächtig und kann scheinbar nur zugucken, wie sie zunimmt, obwohl sie doch so isst wie immer. „Ich nehme mir immer vor, gesund zu essen und keinen Alkohol zu trinken. Aber jedes Mal wenn wir eingeladen sind, trinke ich zu viel Wein, esse viel zu viel Nachtisch und ärgere mich anschließend über mich selbst. Ich komme keinen Schritt weiter."

*Verständlicherweise entscheidet sie sich in verschiedenen Alltagssituationen lieber für „Genuss" als für „Verzicht".*

Auf die Frage, welches Wunschbild Sie von sich mit einem konstant schlanken Gewicht hat, sagt sie: „Das kann ich mir gar nicht richtig vorstellen – dann kann ich ja nicht mehr genießen! Ich will genießen und meinen Spaß haben. Ich will auf keinen Fall so verbiestert und diszipliniert sein wie meine Nachbarin, Frau Meyer, die jedes Salatblatt umdreht und gar keinen Spaß am Leben mehr hat."

Kein Wunder, dass es ihr bislang noch nicht gelungen ist. Ihre Vorstellung von einem dauerhaften Schlanksein ist automatisch mit den Begriffen Verzicht und Genussfeindlichkeit verbunden. Verständlicherweise entscheidet sie sich in verschiedenen Alltagssituationen lieber für „Genuss" als für „Verzicht".

### Fallbeispiel 2: Michael, 42 Jahre

Michael ist Unternehmensberater. Als Kind war er schlank und schmal. Seit seinem 20. Lebensjahr hat er insgesamt 20 Kilo zugenommen. Da er beruflich ständig unterwegs ist und wenig Zeit hat, nimmt er viel Fastfood zu sich. Bei Ermüdungserscheinungen trinkt er gerne Cola zum Wachwerden und kommt so auf täglich mindestens 1 Liter koffeinhaltiges Brausegetränk. Sein Arzt hat bei ihm sowohl Bluthochdruck als auch schlechte Blutfettwerte diagnostiziert und ihm geraten, unbedingt abzuspecken.

Interessanterweise ergab die Frage nach seinen Wunschbildern von sich, dass er sich als schlanken Mann überhaupt nicht attraktiv findet. „Dann sehe ich ja aus wie eine Bohnenstange, ich bin eben vom Typ her eigentlich so ein Spargeltarzan, so will ich nicht aussehen. Dann habe ich doch lieber ein bisschen Bauch."

### Negativ besetzte Wunschziele erkennen

In beiden Beispielen sind die Bilder vom Wunsch-Ziel zumindest teilweise negativ besetzt: Bettina verbindet damit die Vorstellung von einem genussfreien, völlig reglementierten und disziplinierten Lebensstil. Und Michael findet die Vorstellungvon sich als schlanker Mann nicht attraktiv. Beiden war vorher nicht bewusst, dass sie gute – und nachvollziehbare – Gründe hatten, ihr Ziel „Gewichtsreduktion" nicht ernsthaft anzugehen.

### Wunschziel-Bremse lösen:
### Ein stimmiges, motivierendes Ziel entwickeln

Beiden gelang es erst, Zucker und Gewicht zu reduzieren, nachdem sie ihre Zielvorstellung geändert hatten. Für Bettina war es vor allem wichtig, weiterhin genussvoll zu essen. Wir begaben uns auf die Suche danach, was für sie außer Süßem und Wein genussvoll beim Essen ist. Es waren vor allem frische Kräuter und raffiniert gewürzte frisch zubereitete Speisen. Dann überlegten wir, wie sie ihre Lust auf Süßes auf natürliche Weise bedienen könnte: Sie isst zum Beispiel sehr gerne süße reife Früchte (wie Birne, Ananas, Mango) sowie Gemüse mit leicht süßer Note, zum Beispiel Kürbis, Möhren, Süßkartoffeln und Maronen. Und sie begab sich auf die Suche nach leckeren Rezepten für Nachtische und Kuchen, die nur mit frischen Früchten oder Trockenfrüchten „gesüßt" werden (vgl. Rezeptteil). Nach kurzer Umgewöhnungszeit schmeckten ihr die selbst zubereiteten Nachti-

*Sie begab sich auf die Suche nach leckeren Rezepten für Nachtische und Kuchen, die nur mit frischen Früchten oder Trockenfrüchten „gesüßt" werden.*

sche köstlicher als vorher die üblichen Zucker-Kreationen. Einigen Freunden von ihr erzählte sie mit solcher Begeisterung von der Entdeckung ihres neuen Genusses, dass sie die Rezepte ausprobierten und Bettina bei Einladungen problemlos „zuschlagen" konnte. Zu anderen Einladungen brachte sie sich einfach Natur-Joghurt und eine reife Mango mit, damit sie auch etwas zum Nachtisch hatte. Ihr stimmiges, motivierendes Ziel lautete: „Ich möchte mit natürlicher Süße mein Essen in vollen Zügen genießen."

Bei Michael war die Frage: „Wie könnte die Vorstellung von einem schlankeren und damit gesünderen Michael für ihn positiv besetzt sein?" Ziemlich schnell kam er darauf, dass er sich mögen könnte, wenn er zwar schlank, aber muskulöser wäre. Die Idee, das überschüssige Fett in Muskeln „umzuwandeln", gefiel ihm gut. Nun sagen Sie vielleicht: „Der Arme, jetzt muss er nicht nur auf seine Cola und sein Fastfood verzichten, sondern auch noch regelmäßig Krafttraining machen. Das ist ja noch schwerer zu erreichen." Interessanterweise war es umgekehrt: Diese unbewusst negative Vorstellung von einem schlanken Michael hatte seine vorherigen Versuche abzunehmen, bislang immer zum Scheitern verurteilt. Stattdessen konnte das positive Zielbild eine solche Kraft entwickeln, dass ihm das Trainieren leicht fiel.

*Er suchte sich eine einfache 20-minütige Krafttrainings-Übungsreihe aus, die er zwei- bis dreimal in der Woche zu Hause durchführte.*

Er suchte sich eine einfache 20-minütige Krafttrainings-Übungsreihe aus, die er zwei- bis dreimal in der Woche zu Hause durchführte. Das angenehme Körpergefühl, dass sich dadurch einstellte, und die positive Vorstellung von sich selbst als muskulösem, schlankem Mann motivierte ihn dazu, auf Cola zu verzichten und seine Ernährungsgewohnheiten zu überdenken. Er speckte 10 Kilo ab und konnte das neue Gewicht dauerhaft halten.

Michaels Lösung ist übrigens nur eine von vielen Möglichkeiten, sein Ziel positiv zu verändern. Für jemand anders hätte es vielleicht gar nicht gepasst und wäre tatsächlich eine Überforderung gewesen, sich auch noch mit Krafttraining zu stressen. Diese zweite Person hätte eventuell eine positivere Einstellung zu sich als schlankem Mann entwickeln müssen, um sich als ein solcher attraktiv zu finden. Für eine dritte Person wäre vielleicht die Vorstellung motivierend, einen bestimmten Kleidungsstil tragen zu können, der ihr bislang wegen der Fettpölsterchen nicht stand. Und eine vierte Person würde die Vorstellung motivieren, wieder so beweglich zu sein wie als junger Mensch.

*Es geht darum, ein ganz individuelles zu Ihnen passendes Zielbild zu finden.*

Diese Beispiele zeigen, dass es bei den Zielen nicht einfach nur um Zahlen geht, zum Beispiel 5 oder 10 Kilo weniger, sondern darum, ein ganz individuelles zu Ihnen passendes Zielbild zu finden, das für Sie stimmig und motivierend ist.

Ihr Vorteil: Mit dem auf Sie zugeschnittenen Zielbild entwickeln Sie eine hohe Motivation, die es Ihnen erleichtert Dinge wirklich umzusetzen.

Umgekehrt bedeutet es: Solange das Zielbild negativ besetzt ist (meist unbewusst), können Sie machen, was Sie wollen, und erreichen Ihr Ziel nicht. Es fühlt sich wie ein anstrengender Kampf an, den Sie immer wieder verlieren. Wenn Sie den Eindruck haben, Ihr Zielbild fühlt sich nicht wirklich motivierend an, lohnt es sich, sich Zeit zu nehmen und eine stimmige motivierende Vorstellung Ihrer Wunschziele zu entwickeln.

## Übung: Kopf und Bauch kooperieren lassen

**Was sagt Ihr Kopf zu dem Ziel, das Sie auf Seite 89 formuliert haben?**

..........................................................................................................................

..........................................................................................................................

**Was sagt Ihr Bauch zu Ihrem Ziel?**

..........................................................................................................................

..........................................................................................................................

Welche Bedürfnisse/Wünsche hat Ihr Bauch? Was ist ihm wichtig (zum Beispiel Genuss, Lebensfreude, Freiheit, Selbstbestimmtheit etc.)?

.................................................................................................................................

.................................................................................................................................

.................................................................................................................................

Wie könnten Sie diese Bedürfnisse in Ihrem Ziel berücksichtigen?

.................................................................................................................................

.................................................................................................................................

## Wunschziel-Bremse 2: Überhöhte Zielvorstellungen und Schlankheitswahn

Eine andere Form nicht motivierender Zielvorstellungen sind überhöhte und deshalb unrealistische Ziele. Wenn Sie zum Beispiel 30 Kilo Übergewicht haben, prüfen Sie für sich: Was fühlt sich motivierender an, 30 Kilo auf einen Schlag abnehmen? (Damit wäre eine weit reichende Ernährungsumstellung verbunden.) Oder im ersten Schritt 10 Kilo? (Falls Sie viel gesüßte Getränke wie Cola oder Fanta zu sich nehmen, könnten Sie dieses Ziel schon allein durch den Verzicht darauf erreichen.)

*Und immer wenn Sie mit dem Gedanken spielen, ein paar Kilo Gewicht zu verlieren, steht Ihnen möglicherweise unbewusst die einstige Traumfigur vor Augen.*

Stellen Sie sich vor, dass Sie mit Anfang 20 kurzzeitig eine schlanke Top-Model-Figur hatten – aber nur deshalb, weil Sie kaum etwas aßen und den halben Tag mehr oder weniger hungerten. Vielleicht wiegen Sie inzwischen 15 Kilo mehr und trauern immer noch diesem kurzen Highlight einer vermeintlichen Top-Figur hinterher. Und jedes Mal wenn Sie mit dem Gedanken spielen, ein paar Kilo Gewicht abzuspecken, steht Ihnen möglicherweise unbewusst die einstige Traumfigur vor Augen. Dieses damalige Gewicht ist nur scheinbar Ihr „Idealgewicht". Tatsächlich passt es nicht zu Ihrer Statur und ist ohnehin nur durch Hungern zu erreichen.

## Setzen Sie sich motivierende Ziele

Solche unrealistischen überhöhten Zielvorstellungen wirken sehr demotivierend. Wenn Sie diesem Ziel nacheifern, ist es sehr wahrscheinlich, dass Sie Ihr Wunschgewicht nicht oder zumindest nie dauerhaft erreichen und sich deshalb als „gescheitert" erleben. Tatsächlich ist das Ziel zu hoch gesteckt! Oder Sie beginnen gar nicht erst den Versuch, weil Sie schon vorher fühlen, dass es nicht gelingen wird. Damit haben Sie Recht. Das liegt aber nicht an Ihrer Undiszipliniertheit oder Unfähigkeit, sondern an einem unrealistisch hoch gesteckten Ziel.

*Vielleicht kennen Sie Männer oder Frauen, die zu ihren Rundungen stehen und eine tolle Ausstrahlung haben.*

Natürlich entwickeln wir solche überhöhten Vorstellungen, weil das aktuelle Schönheitsideal extrem schlank geraten ist. Sowohl in der Werbung als auch in Männer-, Frauen- und Fitnesszeitschriften existieren nur extrem schlanke „Gestalten" auf den Titelbildern. Geben Sie sich diesem Druck nicht hin. Es ist hilfreich, sich bewusst von solchen unrealistischen und stressauslösenden Bildern zu verabschieden. Das fällt Ihnen leichter, wenn Sie ein neues positives Bild von sich im Kopf entwickeln. Dazu dürfen auch ein paar Rundungen oder Pölsterchen gehören.

Noch heute gibt es ganz andere Schönheitsideale, die sehr viel runder und kurviger sind. So gelten in Westafrika zum Beispiel volle Hüften und ein runder Po bei Frauen als sehr attraktiv. Dünne Frauen hingegen hält man für kränklich. Deshalb werden Frauen für die Hochzeit regelrecht „gemästet", um ihre Attraktivität zu steigern.

Vielleicht kennen Sie Männer oder Frauen, die zu ihren Rundungen stehen und eine tolle Ausstrahlung haben. Suchen Sie sich solche neuen, persönlichen „Schönheitsideale". Die Kosmetik-Firma Dove setzt zum Beispiel konsequent auf attraktive Frauen mit weiblichen Rundungen.

### Wunschziel-Bremse lösen: Entwickeln Sie realistische Ziele

Probieren Sie folgende Übung aus: Suchen Sie sich Ihre persönlichen „Schönheitsideale", die Ihnen auch mit Rundungen oder etwas Fülle gefallen. Begeben Sie sich dazu in den nächsten Wochen auf eine Forschungsreise in Ihrer Umwelt:

- Welche Frauen und Männer kennen Sie, die mit ihren Rundungen nicht dem gängigen Schönheitsideal entsprechen, die Sie aber attraktiv finden oder die eine tolle Ausstrahlung haben?
Aus Ihrem Umfeld?
Aus der Werbung?
Prominente?
- Was davon würde auch gut zu Ihnen passen? Wie könnten sich Ihre persönlichen Vorstellungen von „Schönheit" oder „Attraktivität" dadurch verändern?

Es ist lohnenswert, sich mit den eigenen Schönheitsvorstellungen zu beschäftigen. Denn langfristig werden Sie mit Ihrer Ernährungsumstellung nur erfolgreich sein, wenn Sie eine positive Einstellung zu Ihrem Gewicht und Ihrem Körper entwickeln.

## Wunschziel-Bremse 3: „Nicht-Ziele"

Es gibt einen weiteren Aspekt. Hierbei geht es um eine scheinbar kleine Sache, die aber große Wirkung haben kann. Wenn Sie mit etwas unzufrieden sind, formulieren Sie Ihren Veränderungswunsch oft als „Nicht-Aussage". Sie sagen zum Beispiel „Ich möchte keinen Bauch mehr haben" oder, um das Thema des Buches aufzugreifen, „Ich möchte keinen Zucker mehr essen".

Das Problem solcher Formulierungen ist, dass sie in Ihrem Kopf genau das hervorrufen, was Sie gerade nicht mehr wollen. Das bedeutet, wenn Sie als Ziel „Keinen Kuchen mehr essen" im Kopf haben, dann testen Sie selbst, welche Bilder vor Ihren Augen auftauchen. Normalerweise sehen Sie nur noch üppige Kuchentafeln. Sie werden also genau an das erinnert, was Sie gerade nicht wollen.

### Wunschziel-Bremse lösen: Ziele positiv formulieren

Viel leichter erreichen Sie das Ziel, wenn Sie positiv formulieren und Bilder in Ihrem Kopf hervorgerufen werden, die Sie sich wirklich wünschen. Statt „keinen Kuchen mehr essen" könnten Sie zum Beispiel das Ziel „einen flachen Bauch haben" definieren.

*Viel leichter erreichen Sie das Ziel, wenn Sie positiv formulieren.*

Welche Formulierung für Sie passt, ist individuell unterschiedlich und hängt davon ab, was Sie gerne erreichen möchten. Es geht um die Frage, was Ihre guten Gründe sind abzunehmen oder den Zuckerkonsum zu reduzieren.

### Übung: Gute Gründe für Ihr Ziel

Was wollen Sie erreichen? Warum möchten Sie Gewicht verlieren oder Ihren Zuckerkonsum einschränken?

**Ich möchte ...**
- ☐ einen flachen Bauch
- ☐ Fußball spielen können
- ☐ Kleider tragen können
- ☐ mich gut bücken können
- ☐ mich attraktiv finden
- ☐ normale Blutfettwerte/Blutdruckwerte/Blutzuckerwerte
- ☐ meine Beweglichkeit genießen
- ☐ mich selbst mögen
- ☐ mehr Selbstbewusstsein
- ☐ eine mehrtägige Fahrradtour machen
- ☐ joggen mit gesunden Knien
- ☐ ..............................................................................................................

Was sind Ihre guten Gründe?

.......................................................................................................

.......................................................................................................

.......................................................................................................

.......................................................................................................

## Prüfen Sie Ihre Wunschziele auf Herz und Nieren

Solange Ihr unbewusstes Denken in eine andere Richtung geht als Ihre bewusst formulierten Absichten und Ziele, haben Sie keine Chance auf eine nachhaltige Veränderung. Es wird sich anfühlen wie ein Kampf und keinen dauerhaften Erfolg haben. Erst wenn bewusstes und unbewusstes Denken in die gleiche Richtung zeigen, kann Ihr ersehntes Ziel seine Zauberkraft entfalten und dauerhafte Veränderung mit mehr Wohlbefinden in Ihr Leben treten.

*Es wird sich anfühlen wie ein Kampf und keinen dauerhaften Erfolg zeigen.*

**Prüfen Sie deshalb Ihr Wunschziel auf seine Stimmigkeit:**
1. Wenn Sie an Ihr Wunschziel denken:
    - ☐ Fühlt es sich stimmig und motivierend an?
    - ☐ Löst es positive Gefühle aus?
    
    Falls nicht: Welche Wünsche und Anliegen Ihres „Bauchgefühls" sind noch nicht ausreichend berücksichtigt? Wie könnten Sie sie in Ihr Ziel einbeziehen?
2. Ist das Ziel realistisch für Sie, oder brauchen Sie einen ersten kleineren Schritt?
3. Ist das Ziel positiv formuliert, also frei von „Nicht"-Formulierungen?

**Was Sie noch für sich tun können**

Wenn Sie ein motivierendes stimmiges Ziel gefunden haben, können Sie es für sich arbeiten lassen. Nutzen Sie Ihre Vorstellungskraft zu Ihrer Unterstützung:

- **Kopf-Kino:** Stellen Sie sich das positive Bild täglich konkret vor. Stellen Sie sich vor, wie Sie aussehen oder was Sie tun, wenn Sie das Ziel erreicht haben.
- **Erinnerungshilfen schaffen für Ihr Ziel:** Suchen Sie sich ein Foto, ein Bild oder ein Symbol (zum Beispiel einen schönen Stein), das Sie an Ihr Ziel erinnert. Legen Sie es an einen Ort, an dem Sie immer wieder positiv an Ihr Ziel erinnert werden. Stecken Sie ein Symbol in Ihre Jackentasche, kleben Sie ein Foto an Ihren Spiegel, oder legen Sie ein Wunschbild in Ihr Auto. Achtung: Prüfen Sie diesen Erinnerungshelfer unbedingt auf seine Stimmigkeit! Fühlt es sich gut und motivierend an, wenn Sie das Symbol oder das Foto sehen? Falls Sie beispielsweise ein Bikini-Foto von sich aus Ihrer besten schlanken Zeit nehmen, prüfen Sie, ob nicht dadurch wieder Stress entsteht …

## Übung: Formulieren Sie ein stimmiges und motivierendes Ziel

Schreiben Sie noch mal Ihr Ziel auf: Was wünschen Sie sich? Was möchten Sie erreichen? Vielleicht hat sich Ihr Ziel (von Seite 89) bereits verändert?

........................................................................................................................

........................................................................................................................

Nehmen Sie sich Zeit, die folgende Übung in Ruhe auf sich wirken zu lassen.

**Fragen Sie sich:** Wenn Sie das gerade formulierte Ziel lesen, wie wirkt es auf Sie? Welche Gedanken tauchen auf? Welche davon sind positiv? Welche negativ? Welche neutral?

........................................................................................................................

........................................................................................................................

........................................................................................................................

Welche Gefühle tauchen auf? Welche davon sind positiv?
Welche negativ?

........................................................................................

........................................................................................

Jetzt möchte ich Sie zu einer kleinen Reise in die Zukunft einladen. Stellen Sie sich vor, Sie erreichen dieses Ziel tatsächlich und sehen sich selbst in einem Jahr:

Wie sehen Sie aus?

........................................................................................

Wie fühlen Sie sich?

........................................................................................

In welcher Situation/welcher Szene sehen Sie sich?

........................................................................................

Was ist jetzt anders als früher?

........................................................................................

Welche Gedanken haben Sie?

........................................................................................

Wie bewerten Sie sich selbst?

........................................................................................

Wie bewerten andere Sie? Hat jemand Probleme mit der Veränderung? Weshalb?

**Realisierbarkeitsprüfung:**
Ist das Ziel realistisch und haben Sie das Gefühl, dass es gut machbar bzw. erreichbar für Sie ist? Falls nicht: Was könnte ein kleinerer Schritt oder ein erstes Etappenziel sein?

**Stimmigkeitsprüfung:**
Fühlt sich das Ziel stimmig an, das heißt, ist es mit positiven Gefühlen verbunden und so formuliert, dass es Sie motiviert und Ihnen Lust macht loszulegen?

Wenn nicht: Was passt noch nicht? Welche unbewussten Wünsche und Anliegen sind noch nicht ausreichend berücksichtigt?

Wie könnten Sie das Ziel so verändern, dass es sich stimmig anfühlt?

Mein Ziel nach der Realisierbarkeits– und Stimmigkeitsprüfung:

..................................................................................................................................

..................................................................................................................................

..................................................................................................................................

Lassen Sie diese Übung ruhig ein paar Tage nachwirken. Vielleicht tauchen noch neue Aspekte oder Ideen auf. Es ist auch hilfreich, sich mit einem Freund oder einer Freundin über die Übung auszutauschen. Von außen ist oft viel leichter zu erkennen, was noch nicht passt, als wenn Sie es allein prüfen. Es lohnt sich, sich ein paar Tage oder Wochen Zeit zu lassen, bis Sie ein gutes Gefühl für Ihr Ziel haben. Erst dann können Sie mit einer Veränderung Ihrer Ernährungsgewohnheiten loslegen. Vielleicht wollen Sie, nachdem Sie das ganze Kapitel gelesen haben, noch mal zu dieser Übung zurückkommen.

*Von außen ist oft viel leichter zu erkennen, was noch nicht passt, als wenn Sie es allein prüfen.*

# 2. Die Selbstkritik-Bremse

Die zweite Bremse ist sehr weit verbreitet: Es geht darum, wie Sie sich selbst bewerten und motivieren (zum Beispiel wenn Sie Gewicht verlieren oder auf Zucker verzichten möchten). Oft haben Menschen, die mit ihrem Gewicht unzufrieden sind, Gedanken wie „Du bist einfach zu fett!", „Wie kann man nur so undiszipliniert sein!" oder „Jetzt hast du schon wieder zwei Stück Kuchen gegessen, obwohl du doch gar nichts essen wolltest. Du bist völlig unfähig. Das schaffst du nie!" usw. Sie bewerten Ihr eigenes Essverhalten sehr kritisch.

Solche „inneren Dialoge" haben eine starke Wirkung auf unsere Befindlichkeit. Sie können sich das am besten so vorstellen, als hätten Sie ständig einen Kommentator dabei, der auf Ihrer Schulter sitzt und Sie verbal niedermacht, Ihnen jegliche Fähigkeit zum gesunden Essen abspricht und Sie deshalb von Grund auf verurteilt. Man nennt einen solchen „Kommentatoren" deshalb auch den „inneren Kritiker".

Es ist wenig motivierend, wenn Sie sich auf diese Art bei Ihrer Ernährungsumstellung begleiten. Im Gegenteil, es ist demotivierend und führt dazu, dass Sie aus lauter Frust noch schneller zur Schokolade greifen.

## Selbstkritik – Fallbeispiel: Sven, 28 Jahre, möchte gerne 15 Kilo abnehmen

Morgens, wenn Sven aufsteht und in den Spiegel guckt, beginnt sein innerer Kritiker zu lamentieren: „Wie konntest du nur so fett werden? Dich kann man nicht mehr angucken. Ab heute wird nur noch gesund gegessen, und Süßes gibt's schon mal gar nicht. Zumindest so lange, bis du wieder halbwegs ansehnlich bist. Und das Frühstück wird gestrichen für heute."

So eingestimmt, „frühstückt" Sven nur einen Kaffee und nimmt sich Obst mit ins Büro. Leichte Hungersignale am Vormittag ignoriert er, denn sein innerer Kritiker meldet sich und sagt: „Du hast genug Fett, du brauchst jetzt nichts zu essen, werd bloß nicht schwach!"

*Mittags isst er Obst und Joghurt. Er ist ganz stolz auf seine Disziplin.*

Mittags isst er Obst und Joghurt, er ist ganz stolz auf seine Disziplin. Gegen Nachmittag kann er dem Heißhunger nicht mehr widerstehen. Er findet in seiner Schreibtischschublade zwei Schoko-Riegel, die in Sekundenschnelle verzehrt sind (so schnell konnte der Kritiker sich gar nicht melden). Als er gegen 20 Uhr aus dem Büro kommt, meldet sich sein Hunger wieder. Ohne nachzudenken, fährt er zu einem Fastfood-Imbiss und bestellt sich ein großes Burger-Menü mit einem Becher Cola. Seinen inneren Kritiker hat er einfach überhört. Doch sobald er zu Hause ist, meldet die Stimme sich umso lauter: „Was bist du eigentlich für ein Schwachkopf?"

Nicht mal einen einzigen Tag schaffst du es, wenig zu essen! Du hättest dir schließlich auch was Leichtes kochen können … So wirst du es nie im Leben schaffen. Ich hab's doch gleich gewusst!"

*Frustriert und genervt nimmt sich Sven eine Tafel Schokolade aus dem Schrank.*

Frustriert und genervt („Jetzt ist es auch egal") nimmt sich Sven eine Tafel Schokolade aus dem Schrank und verputzt sie am Abend vor dem Fernseher.

Der nächste Tag verläuft ähnlich.

Dieses Beispiel ist sehr typisch und kann bei Ihnen in abgeschwächter Form oder in unterschiedlichen Variationen ablaufen. Es zeigt, dass es vor allem zwei Spielarten gibt, wie die innere kritische Stimme auf Sie einwirken kann:

1. Aussagen wie „Du bist zu dick, du musst weniger essen" können dazu führen, dass Sie Hungersignale nicht beachten und zu wenig essen. Dass Sie zum Beispiel das Frühstück oder Mittagessen komplett ausfallen lassen oder so wenig essen, dass Sie nicht richtig satt werden.
2. Das erhöht die Wahrscheinlichkeit einer Heißhunger-Attacke am Nachmittag oder Abend. Wenn Sie dann richtig reinhauen (verständlicherweise nach dem ganzen Hungern tagsüber), hat die kritische Stimme ihren zweiten Auftritt. Sie macht Ihnen gnadenlose Vorwürfe, dass Sie Ihre guten Vorsätze schon wieder nicht eingehalten haben: „Wie kannst du nur so dumm und unfähig sein?!"

Das hinterlässt Sie in der Regel in gedrückter oder frustrierter Stimmung. Was liegt da näher, als sich mit etwas Süßem wieder aufzuheitern?

## Selbstkritik – Fallbeispiel: Martha, 57 Jahre, hat starke Gewichtsschwankungen

Schon seit ihrer Jugendzeit „kämpft" Martha mit ihrem Gewicht. Sie macht immer wieder Diäten, in denen sie sehr wenig isst und sich „dünnhungert". Nach einer sehr disziplinierten Phase schlägt es verständlicherweise ins Gegenteil um, und sie schlingt eine Zeit lang hemmungslos alles in sich hinein.

Zufrieden mit sich ist sie nur in Phasen, in denen sie Diät hält. Wenn sie mit anderen zusammen isst, hat Ihr innerer Kritiker die Eigenart, das Essverhalten der anderen zu kommentieren: „Guck mal, sie hat nur gesunde Sachen auf dem Teller – im Gegensatz zu dir! Was du dir schon wieder alles reinhaust!"

Bei Martha läuft es ganz ähnlich ab, nur dass die Phasen des „Hungerns" während der Diät länger sind als bei Sven. Auch bei ihr führen die gnadenlose Kritik und die Vergleiche mit anderen durch den inneren Kritiker dazu, dass sie ihre Hungergefühle eine Zeit lang übergeht (während der Diät), um dann alles wieder nachzuholen und noch mehr zu essen.

### Vorsicht vor Ihrem inneren Kritiker!

Wenn Sie solche Muster kennen, befinden Sie sich schnell in einem Teufelskreis, der Ihre Bemühungen nach Gewichtsverlust oder mehr Gesundheit im Keim erstickt. Wenn Sie immer wieder solche Erfahrungen machen, endet Ihr innerer Kritiker nach einiger Zeit möglicherweise mit der Überzeugung: „Das schaffst du nie. Das brauchst du gar nicht mehr zu versuchen." Das macht sehr verständlich, warum neue Versuche, die Ernährung gesünder zu gestalten, entweder gar nicht mehr oder nur halbherzig in Angriff genommen werden.

*Das wird deutlich, wenn Sie genau hinhören, was die kritische Stimme eigentlich von Ihnen erwartet.*

Die gute Nachricht für Sie ist: Wenn Sie eine solche innere kritische Stimme kennen, ist es oft so, dass Sie sogar zu diszipliniert und hart mit sich selbst sind! Das wird deutlich, wenn Sie genau hinhören, was die kritische Stimme eigentlich von Ihnen erwartet. In Svens Fall möchte sie, dass er seinen Hunger übergeht, Mahlzeiten ausfallen lässt oder sich nicht richtig satt isst. Meistens erwartet der innere Kritiker, dass Sie absolut und ohne Ausnahme ständig diszipliniert sind, bis Sie Ihr Idealgewicht erreicht haben. Dabei ist dieses gewünschte Idealgewicht, das Ihr innerer Kritiker im Kopf hat, häufig bereits unrealistisch (vgl. Kapitel „Die Wunschziel-Bremse" auf Seite 89.

Der innere Kritiker formuliert zu hohe Ansprüche, die für Sie meist nicht realisierbar sind. Deshalb ist es verständlich, dass Sie dem Kritiker nicht bedingungslos folgen. Außerdem formuliert er seine Kritik auf eine sehr abwertende Weise. Stellen Sie sich vor, Sie hätten eine Führungskraft, die Ihnen ständig sagt, wie unfähig Sie sind und was Sie alles falsch machen. Das würde Sie ebenso wenig motivieren, wie der innere Kritiker es schafft, Sie zu motivieren, Ihr Ernährungsverhalten zu ändern. Was Ihr innerer Kritiker über Sie sagt, ist deshalb weit entfernt von der „Wahrheit" und zeichnet ein verzerrtes negatives Bild von Ihnen. Ganz wichtig ist es deshalb zu erkennen, dass der innere Kritiker genau das Gegenteil dessen bewirkt, was Sie eigentlich wollen.

*Ganz wichtig ist es deshalb zu erkennen, dass der innere Kritiker gerade das Gegenteil dessen bewirkt, was Sie eigentlich wollen.*

## Unternehmen Sie neue Schritte weg vom „inneren Kritiker"

Normalerweise laufen die sogenannten „inneren Dialoge" mehr oder weniger unbewusst ab und verursachen ein unangenehmes Gefühl – zum Beispiel, das diffuse Gefühl, „nicht gut genug zu sein" oder „versagt zu haben", was dann zu bedrückter Stimmung führt.

## Schritt 1: Erkennen Sie Ihren „inneren Kritiker"

Der erste Schritt zum Lösen Ihrer Selbstkritik-Bremse ist, sich die eigene kritische Stimme bewusst zu machen und zu erkennen, auf welche Art Sie Ihr „innerer Kritiker" demotiviert. Wenn Ihnen so etwas bekannt vorkommt, machen Sie bitte die folgende Übung.

**Übung: Stellen Sie Ihren „inneren Kritiker" auf laut**

Meist können Sie diesem inneren Kritiker relativ leicht zuhören, wenn Sie es bewusst versuchen. Schreiben Sie ein paar Tage lang auf, wie er Ihr Ernährungsverhalten kommentiert und welche Auswirkungen das auf Ihr Verhalten/Ihre Stimmung hat.

| Situation (z. B. beim Aufwachen, beim Blick in den Spiegel, vor dem Essen, nach dem Essen etc.) | Was sagt die innere kritische Stimme? | Welche Auswirkungen hat das … <br> ⇒ auf Ihr Verhalten? <br> ⇒ auf Ihre Stimmung? |
|---|---|---|
| Kuchen essen bei Tante Erna | „Du wolltest doch diese Woche keinen Kuchen essen, jetzt isst du doch schon wieder welchen. Kannst du dich denn nicht mal eine Woche lang zusammenreißen?" | ⇒ Ich esse zwei Stück Kuchen statt nur eins. <br> ⇒ Ich kann den Kuchen gar nicht genießen und habe hinterher ein schlechtes Gewissen |
|  |  |  |
|  |  |  |
|  |  |  |
|  |  |  |

Manchmal kann es erschreckend sein, sich so klar vor Augen zu führen, wie hart wir mit uns selbst ins Gericht gehen. Falls Sie das an sich selbst feststellen, sind Sie allerdings in guter Gesellschaft. In unserer westlichen, industrialisierten Welt ist diese Art, mit sich umzugehen, sehr weit verbreitet (Schulz von Thun 1998, S. 261).

Außerdem gilt: Sobald Sie es erkannt haben, können Sie damit anders umgehen und die Wirkung Ihres „inneren Kritikers" abschwächen.

## Schritt 2: Bleiben Sie selbst positiv und motivieren Sie sich täglich neu mit Ihrem „inneren Freund"

Sie brauchen ein Gegengewicht, um das Bild, das Ihre kritische Stimme von Ihnen zeichnet, wieder geradezurücken. Überlegen Sie, wie Sie sich selbst motivieren würden. Wie würde es sich anhören, wenn Sie einen wertschätzenden Blick auf Ihre Versuche werfen, sich gesünder zu ernähren? Es ist hilfreich, sich vorzustellen, Sie hätten ein „inneres Team" mit verschiedenen Mitgliedern. In diesem Team befindet sich zum Beispiel Ihr „innerer Kritiker".

*Sie könnten diese motivierende Instanz auch „innere Freundin", „gute Fee", „meinen inneren Coach" etc. nennen.*

Sie können daneben auch einen „inneren Motivator" oder eine „fürsorgliche positive Figur" stellen. In Svens Beispiel könnte diese motivierende Instanz seinen Tag so kommentieren: „Na gut, das hat heute nicht so funktioniert, wie du es dir gedacht hattest. Wahrscheinlich bist du einfach zu hart mit dir umgegangen. Wie könntest du es morgen anders ausprobieren? Wie wäre es, wenn du morgen in der Mittagspause essen gehst und dir abends deinen Lieblingseintopf kochst? Dafür isst du aber tagsüber nichts Süßes."

Sie könnten diese motivierende Instanz auch „innere Freundin", „gute Fee", „meinen inneren Coach" etc. nennen. Geben Sie dieser fürsorglichen positiven Instanz einen Namen, der für Sie passt. Vielen Menschen fällt es allerdings schwer, so wertschätzend auf sich selbst zu blicken. Falls es Ihnen genauso geht, probieren Sie folgendes Gedankenspiel aus.

**Übung: Ein Kind motivieren, das Fahrradfahren lernt**

Stellen Sie sich vor, Sie helfen einem Kind dabei, Fahrrad fahren zu lernen. Das Kind hat schon etliche Versuche unternommen, kriegt es aber (noch) nicht hin. Vermutlich werden Sie es nicht anbrüllen, wie unfähig es ist, dass es immer noch nicht klappt. Sie werden es eher dabei unterstützen, es noch mal zu versuchen, es vielleicht anders auszuprobieren, ihm sagen, dass alles seine Zeit braucht und es irgendwann auf einmal ganz leicht sein wird …

Meist fällt es uns leichter, andere Menschen positiv zu unterstützen und zu motivieren als uns selbst. Deshalb können Sie jemanden aus Ihrem Freundeskreis um Unterstützung bei Ihrem Vorhaben bitten.

| Übung: Lassen Sie den „inneren Freund" sprechen | |
|---|---|
| Was sagt mein „innerer Kritiker"? | Was könnte mein „innerer Freund" entgegnen? |
| | |
| | |
| | |
| | |
| | |

**Achtung:** Auch wenn es Ihnen gelingt, einen wertschätzenden Blick auf sich selbst zu werfen, wird Ihr „innerer Kritiker" nicht verschwinden. Normalerweise wird er sich immer wieder melden, vielleicht sogar jeden Tag. Schließlich möchte er etwas Gutes für Sie, nämlich dass Sie schlanker oder gesünder werden. Er formuliert es nur auf eine ungeschickte Art. Wenn Sie ihn als „inneren Kritiker" entlarven und ihm ein positives motivierendes Gegengewicht gegenüberstellen, verliert er nach und nach seine Macht über Sie.

*Auch wenn es Ihnen gelingt, einen wertschätzenden Blick auf sich selbst zu werfen, wird Ihr „innerer Kritiker" nicht verschwinden.*

Eine weitere Möglichkeit, mehr Distanz zu seinem „inneren Kritiker" zu schaffen, ist, ihm einen Namen zu geben. Das klingt auf den ersten Blick vielleicht merkwürdig. Ein Beispiel dazu: Eine Coaching-Kundin hat ihren inneren Kritiker „Hugo" genannt. Immer wenn Sie ihn im Alltag erkannt hat, hat Sie innerlich folgenden Dialog durchgeführt: „Hallo Hugo, da bist du ja wieder! Schön, dass du mich an mein Ziel erinnerst! Ich werde dazu aber meine ‚innere Freundin' fragen, wie sie die Situation sieht."

*Den „inneren Freund" befragen.*

### Schritt 3: Das können Sie noch für sich tun

Wenn Sie einen ausgeprägten „inneren Kritiker" haben, ist es besonders wichtig, sich Dinge zu erlauben. Für Sie kann es hilfreich sein, sich zum Beispiel zu erlauben …

→ regelmäßig zu essen (drei volle Mahlzeiten täglich)
→ sich satt zu essen
→ sich zu belohnen, wenn Sie einen Tag lang Ihren Verzicht auf Süßes umgesetzt haben (natürlich nicht mit etwas Süßem, sondern mit anderen Dingen, die Sie erfreuen, zum Beispiel mit einem Kino-Besuch, einem spannenden Buch oder einem Blumenstrauß)
→ sich realistische Ziele zu setzen (vgl. Abschnitt „Die Wunschziel-Bremse" Seite 98ff)
→ sich auch mit Rundungen und Fettpölsterchen attraktiv zu finden
→ gnädig zu sich sein bei kleinen oder größeren „Ausrutschern" (vgl. „Ehrenrunden ins alte Verhalten", Seite 142)

*Wenn Sie einen ausgeprägten „inneren Kritiker" haben, ist es besonders wichtig, sich so manches zu erlauben.*

**Fazit: Lösen Sie die Selbstkritik-Bremse**

Überhöhte Ansprüche an sowie ein abwertender Blick auf sich selbst können Ihre Bemühungen nach Gewichtsreduktion und gesünderer Ernährung torpedieren.

Schritt 1: Machen Sie sich Ihre „innere kritische Stimme" bewusst und Sie erkennen, wie Sie sich durch Ihre überhöhten Erwartungen selbst demotivieren.

Schritt 2: Entwickeln Sie ein Gegengewicht in Form eines „inneren Freundes" oder „inneren Motivators", der Sie positiv motiviert und einen wertschätzenden Blick auf Ihre Versuche wirft, sich gesünder zu ernähren.

Schritt 3: Machen Sie sich bewusst, was Sie sich in Zukunft erlauben möchten. Essen Sie sich zum Beispiel bei jeder Mahlzeit satt, nehmen Sie drei regelmäßige Mahlzeiten am Tag zu sich, und belohnen Sie sich für kleine Erfolge.

## 3. Die Glücks-Bremse

Kennen Sie das Gefühl: Sie essen ein Stück Schokolade und sind glücklich – zumindest für eine halbe Stunde. Oder: Sie kommen gestresst von einem langen Arbeitstag nach Hause und stehen noch immer unter Strom. Nach einem Stück Kuchen vom Vortag fühlen Sie sich sofort ruhiger und können den Abend entspannter einläuten. Für die meisten von uns ist Süßes mit sehr positiven Gefühlen verbunden. Wir kennen Süßes als Belohnung aus der Kindheit und gönnen uns auch heute noch etwas Süßes als Trost, wenn es uns nicht gutgeht. Wer möchte darauf schon freiwillig verzichten?

*Vielleicht hatten Sie als Kind eine Lieblings-Süßigkeit, mit der Sie noch immer besonders angenehme Erinnerungen verbinden?*

Bevor Sie weiterlesen, nehmen Sie sich einen Moment Zeit und fragen Sie sich: Was verbinden Sie persönlich mit Süßem? Welche Gedanken und Gefühle verbinden Sie mit Süßigkeiten?

Vervollständigen Sie den Satz, indem Sie Ihre spontanen Gedanken zu den Begriffen aufschreiben:

Süßigkeiten bedeuten für mich …

................................................................................................................

Zucker bedeutet für mich …

................................................................................................................

Schokolade bedeutet für mich …

................................................................................................................

Eis bedeutet für mich …

................................................................................................................

Vielleicht hatten Sie als Kind eine Lieblings-Süßigkeit, mit der Sie noch immer besonders angenehme Erinnerungen verbinden?

Die Verbindung zwischen Wohlgefühl und Süßem wird als Kind geprägt. Ein Keks, wenn wir geweint haben, oder eine Belohnung mit Süßem, wenn wir etwas gut gemacht haben. Unbewusst verbinden wir noch im Erwachsenenalter Süßes mit Trost und Beruhigung. Wenn Sie Zucker derart positiv bewerten, ist es nicht verwunderlich, wenn es Ihnen schwerfällt, Ihren Zuckerkonsum zu reduzieren. Es ist deshalb wichtig zu erkennen, was Ihre (scheinbar) „guten" Gründe sind, weiterhin Süßes zu konsumieren.

Die Frage lautet: Welche positive Absicht steht eigentlich dahinter, wenn Sie das Gefühl haben, unbedingt etwas Süßes zu sich nehmen zu müssen?

## Fallbeispiel: Sarah, 30 Jahre

Sarah ist eine erfolgreiche Grafikdesignerin. Sie macht ihren Job sehr gerne, steht stark unter Druck und hat meistens eine 60-Stunden-Woche. Sie möchte gerne 10 Kilo abnehmen, hat aber immer wieder „Fressattacken", in denen sie das Gefühl hat, sie „muss" jetzt Schokolade essen, und zwar solange bis die Tafel „alle" ist. Die Frage nach der positiven Absicht dahinter ergab, dass Sarah sich nach einem anstrengenden Tag einfach etwas Gutes gönnen möchte. Und das ist aus langjähriger, besser: lebenslanger Gewohnheit bei ihr eine Tafel Schokolade. Für Sarah ist es hilfreich zu erkennen, dass es in Ihr die positive Absicht

*„Was mir unglaublich guttut, ist draußen in der Natur zu sein, aber dazu komme ich im Moment viel zu wenig."*

gibt, sich nach der Arbeit etwas Gutes zu gönnen oder sich für einen anstrengenden Tag zu belohnen. Diese Absicht ist an sich etwas Positives und Gesundes, sie ist allerdings bei ihr automatisch, also unbewusst, mit der Lust auf Schokolade verbunden.

Auf die Frage, was es für Sarah an Alternativen gibt, sich etwas Gutes zu gönnen, fällt ihr sehr schnell ein: „Was mir unglaublich guttut, ist draußen in der Natur zu sein, aber dazu komme ich im Moment viel zu wenig."

Wir überlegen, wie sie dieses Bedürfnis in ihren Alltag integrieren könnte. Sarah möchte nach dem Mittagessen einen 30-minütigen Spaziergang durch einen Park in der Nähe ihres Büros machen. Ihr tut es gut, den Kopf einmal am Tag richtig frei zu bekommen. Dadurch ist sie den Nachmittag über viel frischer, kann sich besser konzentrieren und fährt lange nicht so erschöpft nach Hause wie vorher. Positiver Nebeneffekt: Sie entwickelt während ihres Spaziergangs einige kreative Ideen für ihre Arbeit. Die kann sie am Nachmittag umsetzen und hat so das Gefühl, die Spaziergangs-Pause ist für ihre Arbeit effektiv.

*Weil ihr Bewegung so guttut, macht sie zunächst einen kurzen Spaziergang von 15 Minuten oder länger.*

Im zweiten Schritt überlegen wir, wie sie sich nach der Arbeit, wenn sie nach Hause kommt, belohnen kann beziehungsweise wie sie den Übergang zum freien Abend gestalten kann. Sie möchte zwei verschiedene Ideen ausprobieren: Bewegung und Musik. Weil ihr Bewegung so guttut, macht sie zunächst einen kurzen Spaziergang von 15 Minuten oder länger.

Da sie ein Fan klassischer Musik ist, entscheidet sie sich, als „Übergangsritual" nach ihrer Ankunft zu Hause für 15 Minuten mit ihrer Lieblings-CD von Bach und ihrem Lieblingstee auf der Couch zu liegen. Dabei macht Sie die Erfahrung, dass ihr diese neuen „Rituale" sehr guttun. Sie fühlt sich entspannter, der Kopf wird frei, und die Stressgedanken fallen von ihr ab. Der Heißhunger auf Schokolade ist in der ersten Zeit noch da, doch schon nach zehn Tagen geht er deutlich zurück.

*Sie fühlt sich entspannter, der Kopf wird frei, und die Stressgedanken fallen von ihr ab.*

Auch hier ist es am anschaulichsten, sich diese Seite als ein inneres Teammitglied vorzustellen. Nennen wir sie zum Beispiel die „Verführung". Es ist so, als würde Sarah eine sehr verführerische Stimme einflüstern: „Tu dir etwas Gutes! Dein Leben ist stressig genug. Jetzt hast du dir eine Belohnung verdient." Es ist nicht erstaunlich, dass sie zur Schokolade greift – alles andere wäre auf den ersten Blick geradezu masochistisch.

*Das Team-Mitglied „Verführung"*

## Die Glücks-Bremse lösen: Bedürfnisse erkennen und Alternativen finden

Die Frage, die Sie sich stellen sollten, lautet: Welche berechtigten und wertschätzenden Bedürfnisse stehen bei Ihnen hinter dem Wunsch nach Süßem und wie könnten Sie diese Bedürfnisse auf eine gesundheitsförderliche Art erfüllen?

**Typische Bedürfnisse sind zum Beispiel:**
- Sich belohnen nach einen anstrengenden Tag.
- Sich beruhigen, wenn Sie sich gestresst und unter Strom fühlen oder Sorgen haben.
- Sich trösten, wenn Sie einen schlechten Tag hatten oder es Ihnen nicht gutgeht.
- Etwas besonders Leckeres essen, wenn Sie gerade den Geschmack von Süßem mögen.
- Bei Frust, Langeweile, Ärger oder Ähnlichem sich etwas Gutes tun und dadurch die Stimmung wieder heben.
- Wenn Sie sich unzulänglich oder überfordert fühlen, sollten Sie auch prüfen, welchen Anteil an dem Zustand möglicherweise Ihr „innerer Kritiker" hat?)
- Manchmal ist es ein echtes Hungergefühl, zum Beispiel wenn Sie den Tag über wenig gegessen haben.

Der erste Schritt, um die emotionale Verbindung zum Zucker zu durchbrechen, besteht darin, sich der Gefühle bewusst zu werden, die Sie dazu bringen, Süßes zu essen.

Ich empfehle Ihnen, eine Woche lang zu beobachten, in welchen Situationen Sie Heißhunger auf Süßes bekommen und welche Bedürfnisse eigentlich dahinterstehen. Haben Sie wirklich physischen Hunger oder brauchen Sie eher einen Spaziergang, eine Schulter zum Ausweinen oder etwas ganz anderes? Nutzen Sie die folgende Tabelle, und tragen Sie Ihre Situation darin regelmäßig ein.

| Wann? Welche Situation? | Warum „brauchen" Sie jetzt Zucker? Welche Gefuhle erleben Sie in der Situation? | Welches Bedürfnis steht dahinter? Was bräuchten Sic jetzt? Was würde Ihnen guttun? |
|---|---|---|
| • z.B. nach der Arbeit, nach dem Mittag-/Abendessen<br>• wenn Sie Streit hatten/sich ärgern<br>• am Geldautomaten, wenn Sie feststellen, dass Ihr Konto überzogen ist<br>• wenn Sie feststellen, dass Ihre Hose zu eng geworden ist<br>• wenn Sie das Gefühl haben, im Büro nichts geschafft zu haben oder ein schwieriges Gespräch, was Sie vermasselt haben<br>• … | • z.B. Erschöpfung<br>• Langeweile<br>• Frust/Ärger<br>• Sorgen<br>• ohnmächtig<br>• Stress wegen …<br>• Überforderung<br>• Einsamkeit<br>• echter Hunger<br>• … | • z.B. Entspannung<br>• Trost<br>• ein Kompliment<br>• eine Umarmung<br>• ein gutes Gespräch<br>• loslachen, mich abreagieren<br>• meinem Ärger Luft machen<br>• Bewegung<br>• Ablenkung/mich mit etwas Schönem beschäftigen<br>• … |
|  |  |  |

Wenn Sie sich die Liste ansehen: Was fällt Ihnen auf? Welche Muster können Sie erkennen? Was sind Ihre wichtigsten Gründe für Lust und Heißhunger auf Süßes?

..................................................................................................................

..................................................................................................................

..................................................................................................................

..................................................................................................................

..................................................................................................................

Sammeln Sie im nächsten Schritt Ideen, wie Sie Ihre Bedürfnisse auf eine andere, gesundheitsförderliche Art erfüllen könnten (siehe Liste auf Seite 121). In der Spalte „Ideen sammeln" können Sie so viele Ideen entwickeln, wie Ihnen einfallen – je mehr, desto besser. Dann haben Sie genug „Material", aus dem Sie im nächsten Schritt die für Sie stimmigste Idee auswählen können.

**Wenn Sie als wichtigstes Bedürfnis „Entspannung" identifizieren, könnten Sie Ideen sammeln wie:**
- Lieblingsbuch lesen
- Musik hören
- auf den Balkon/im Garten 10 Minuten in die Sonne legen
- 5 Minuten Gymnastik machen
- 10 Minuten zu Ihrer Lieblingsmusik tanzen
- joggen gehen
- einen Sandsack besorgen und sich 5 Minuten beim Boxen austoben
- ein heißes Bad
- in die Sauna gehen
- einen schönen Film gucken
- …

Wenn Ihr Hauptbedürfnis „Trost finden" ist, könnten Sie:
- einen Freund/eine Freundin anrufen und sich ausjammern oder/und sich ein Kompliment abholen
- sich erlauben, traurig oder enttäuscht zu sein
- sich für die nächsten Tage mit jemandem verabreden, der/die Ihnen guttut
- Ihren „inneren Freund" befragen
- einen Spaziergang machen

Finden Sie gute Alternativen

| Meine drei Hauptgründe/ -bedürfnisse: | Ideen sammeln: Welche Möglichkeiten gäbe es, das Bedürfnis anders zu erfüllen? | Welche der Ideen fühlt sich am besten an? Was möchten Sie gerne ausprobieren? (eine oder zwei Ideen auswählen) | Was bedeutet das konkret? Was möchten Sie konkret tun, wenn die Situation das nächste Mal auftritt? Was brauchen Sie eventuell als Vorbereitung? |
|---|---|---|---|
| 1. | | | |
| 2. | | | |
| 3. | | | |

## Machen Sie einen inneren Stopp

Im Leben gibt es immer wieder Situationen, in denen wir uns nicht gut fühlen, enttäuscht, ärgerlich, überfordert oder traurig sind. Das ist normal, und es ist gut, Strategien zu entwickeln, um mit solchen Situationen bewusst und (möglichst) gesundheitsförderlich umzugehen, statt automatisiert zum Zucker zu greifen. Das Gleiche gilt natürlich für Alkohol, Chips etc. Es geht darum, den Automatismus zu durchbrechen, der Sie wie ferngesteuert zum Zucker greifen lässt. Nur so können Sie das Ruder wieder selbst übernehmen und die Entscheidung für oder gegen Süßes selbst treffen.

Diesen inneren Stopp einzulegen, bevor Sie zur Schokolade greifen, ist nicht einfach, besonders weil der Griff zur Schokolade so eingeübt und automatisch abläuft (vgl. dazu auch Kapitel „Nehmen Sie Fahrt auf" auf Seite 138ff). Sie können es sich leichter machen, indem Sie tatsächlich „Stopp" sagen – entweder laut oder nur innerlich. Sie können sich auch ein rotes Stopp-Schild vorstellen. Oder Sie machen Ihr inneres „Stopp" durch eine Handbewegung deutlich, so als würden Sie mit der Hand etwas abwehren:

*„Stopp" sagen*

Genauso können Sie alle drei Optionen gleichzeitig probieren. Alles, was Ihnen hilft, das automatisch ablaufende Gewohnheitsmuster zu unterbrechen, ist erlaubt. Außerdem empfehle ich Ihnen, Ihre Wahrnehmung zu schärfen und eine sich anbahnende Heißhungerattacke frühzeitig zu bemerken. Je eher Sie den nahenden Heißhunger erkennen, desto besser können Sie den Ausstieg finden. Je später Sie den Heißhunger wahrnehmen, umso größer wird die Anziehungskraft der Schokolade oder des Kuchens – manchmal eben so groß, dass es wirklich unmöglich erscheint, jetzt nichts Süßes zu essen.

Stellen Sie sich folgende Fragen: Was sind die ersten Signale Ihres nahenden Heißhungers? Was geht dem Heißhunger voraus? Welche typische Situation? Welche Gedanken und Bewertungen haben Sie? Welche Gefühle? Welche Körperempfindungen? Je sensibler Sie wahrnehmen, wie das Muster bei Ihnen abläuft und welche ersten Signale es gibt, umso leichter wird es Ihnen fallen, der Versuchung zu widerstehen.

## Wenn Themen immer wieder auftauchen

Vielleicht stellen Sie an sich fest, dass bestimmte Themen oder Empfindungen immer wieder auftauchen. Zum Beispiel eine generelle Unzufriedenheit mit Ihrer beruflichen Situation, immer wieder auftauchende Auseinandersetzungen am Arbeitsplatz (oder mit dem Ehemann, mit den Kindern), ein Gefühl von Dauerüberforderung und -erschöpfung oder Ähnliches. Wenn solche Themen dauerhaft belastend für Sie sind (und deshalb Lust auf Süßes verursachen), macht es Sinn, Lösungen für diese Situation zu finden.

## Fallbeispiel: Sarah, Teil 2

Sarah fällt auf, dass ihr Heißhunger auf Schokolade nach der Arbeit am stärksten ist, wenn sie an dem Tag eine Auseinandersetzung mit ihrem Kollegen hatte und sich immer noch über ihn ärgert. Da dieser Konflikt immer wieder auftaucht, entwickelt sie eine Strategie, wie sie ihrem Kollegen ihr Anliegen vermitteln kann. So schafft sie es den Konflikt zu lösen oder zumindest ihren Ärger über ihn im Büro zu lassen. Oft ist es sogar schon hilfreich, ein ständig wiederkehrendes Thema konkret zu benennen und so ein neues Ziel zu formulieren. Eine Möglichkeit, sich ein Thema, das immer wieder auftaucht, anzusehen, ist das sogenannte „Grübelblatt".

## Übung: Grübelblatt

Gibt es ein Problem, das Sie immer wieder beschäftigt oder belastet? Ein Thema, über das Sie immer wieder grübeln und Ihre Gedanken dazu im Kopf hin und her wälzen, ohne zu einer Lösung zu kommen?

Dann beantworten Sie die folgenden Fragen schriftlich. Wichtig ist, einfach spontan drauflos zu schreiben, so kommen Sie am besten auf neue Ideen.

1. Was belastet Sie? Was genau belastet Sie an diesem Thema?

............................................................................................................

............................................................................................................

............................................................................................................

2. Was wünschen Sie sich anders?

............................................................................................................

............................................................................................................

............................................................................................................

3. Welches Ziel möchten Sie für sich formulieren?

............................................................................................................

............................................................................................................

............................................................................................................

4. Wer könnte etwas dazu beitragen, dass sich Ihr Ziel erfüllt?

..................................................................................................

..................................................................................................

..................................................................................................

5. Was könnten Sie dazu beitragen, dass sich Ihr Ziel erfüllt?

..................................................................................................

..................................................................................................

..................................................................................................

6. Was könnten Sie ganz konkret als ersten Schritt tun?

..................................................................................................

..................................................................................................

..................................................................................................

..................................................................................................

7. Was möchten Sie tun? Wann?

..................................................................................................

..................................................................................................

..................................................................................................

..................................................................................................

Diese kleine Übung dauert meist nicht länger als zehn Minuten. Sie hilft ihnen, Ihre Gedanken in Richtung Ziele und Lösungen zu lenken. Das ist oft mit einem Gefühl von mehr Gestaltungsmöglichkeiten und besserer Stimmung verbunden und beendet zumindest für eine Zeit lang unproduktive negative Gedankenkreisel.

Im ersten Anlauf scheint das aufwändiger zu sein als der tägliche Griff zur Schokolade. Aber es lohnt sich, weil Sie Ihre Möglichkeiten dadurch erweitern. Wenn Sie möchten, können Sie sich weiterhin ab und zu für Schokolade entscheiden. So haben Sie mehr Wahlmöglichkeiten und müssen dem Heißhunger-Impuls nicht mehr unbedingt folgen.

## Ist Ihr Leben in Balance?

Manchmal können Sie über den Ausgleich durch Süßes – zumindest eine Zeit lang – überdecken, dass es in einem Ihrer Lebensbereiche sprichwörtlich „etwas an Süße" fehlt. Wenn der Zucker als Ausgleich wegfällt, wird deutlicher, wo genau es in anderen Bereichen hapert. Sie könnten sich auch fragen: Wie könnte ich Zucker ersetzen durch mehr „süße" Momente in meinem Leben? Damit ist das Gefühl von Erfüllung oder Stimmigkeit in den verschiedenen Lebensbereichen gemeint.

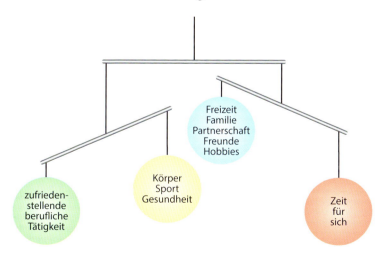

### Übung: So bringen Sie mehr „Süße" in Ihr Leben

Fragen Sie sich täglich: Was würden Sie heute gerne machen? Wählen Sie etwas aus, das Ihnen richtig Spaß macht und das Sie wirklich gerne tun. Schreiben Sie mindestens fünf Tätigkeiten auf, die Ihnen Spaß machen und von denen Sie gerne mehr in Ihrem Leben hätten:

1. ......................................................................................................................

2. ......................................................................................................................

3. ......................................................................................................................

4. ......................................................................................................................

5. ......................................................................................................................

**Fazit: Wie Sie die Glücks-Bremse lösen**
1. Werden Sie sich Ihrer Gefühle und Bedürfnisse bewusst, die zu Heißhunger auf Süßes führen.
2. Überlegen Sie sich Alternativen, um diese Bedürfnisse auf andere Art und Weise zu befriedigen.
3. Machen Sie vor dem Griff zu Süßem einen inneren Stopp („Stopp" sagen/Stopp-Schild/Handbewegung). „Will ich wirklich etwas Süßes, oder brauche ich gerade etwas anderes?"
4. Treffen Sie eine bewusste Entscheidung.
5. Überlegen Sie: Was belastet Sie? Was fehlt in Ihrem Leben? Wie wollen Sie mehr „Süße" in Ihr Leben bringen? Was macht Sie wirklich glücklich?

Machen Sie jeden Tag etwas, auf das Sie sich richtig freuen – etwas, das Sie nur zum Spaß tun.

**Was Sie noch für sich tun können**

Zu Anfang schmeckt es gewöhnungsbedürftig, wenn Sie den „süßen Zahn" gewohnt sind. Ich verspreche Ihnen: Nach ein paar Wochen ohne Zucker wird aus dem zunächst „schwachen" Ersatz die köstliche bessere Alternative. Beachten Sie dazu auch den Kasten „Obst und Gemüse: Echtes Gute-Laune-Essen", und testen Sie diese beiden Varianten für sich:

- Die chinesische 5-Elemente-Küche und die ayurvedische Ernährungslehre teilen alle Lebensmittel in ihre vorherrschenden Geschmacksrichtungen ein, z.B. „scharf", „süß", „bitter" oder „sauer". Gegen den Heißhunger auf Süßigkeiten und Zucker empfehlen sie den Verzehr von Lebensmitteln aus der Kategorie „süß".

Dazu gehören fast alle Gemüsesorten, Kartoffeln und viele Getreidearten, aber auch Gewürze wie Zimt, Anis oder Fenchelsamen. Diese Nahrungsmittel haben oft eine leichte Natursüße, z.B. Möhren, Kürbis, Süßkartoffeln, Mais und Hirse. Laut dieser Ernährungslehre geht der Heißhunger auf Süßes zurück, wenn Ihr Körper ausreichend dieser „natürlichen" Süße bekommt. Wenn Sie Lust haben, probieren Sie ein warmes Hirsefrühstück mit Obst und Nüssen, oder Sie servieren Maispudding als Nachtisch. Sehr gut schmecken auch Eintöpfe mit Gemüse und Kartoffeln oder Getreide (siehe Rezeptteil ab Seite 181).

- Falls Sie festgestellt haben, dass Ihr Heißhunger auf Süßes vor allem mit echtem körperlichen Hungergefühl einhergeht: Überlegen Sie, wie Sie dafür sorgen können, sich regelmäßig satt zu essen, damit Heißhunger-Anfälle nicht mehr auftreten.

## Obst und Gemüse: Echtes Gute-Laune-Essen

In einer englischen Studie, die im *British Journal of Health Psychology* erschienen ist, führten ca. 300 Studierende ein Online-Tagebuch über ihre Stimmung und ihr Essverhalten. Dabei wurden insbesondere Obst, Gemüse, Kekse, Chips und Kuchen abgefragt.

Es gab einen eindeutigen Zusammenhang zwischen der Menge an Obst und Gemüse sowie den positiven Gefühlen. Wenn die Studierenden mehr Obst und Gemüse zu sich nahmen, fühlten sie sich danach (und teilweise auch noch am nächsten Tag) ruhiger, zufriedener und hatten mehr Energie. Dieser Zusammenhang konnte nicht für Süßes und Fettiges festgestellt werden. Die „therapeutische" Gemüse-Obst-Dosis erreichen Sie beispielsweise, wenn Sie morgens eine Tasse Himbeeren zu sich nehmen, mittags einen Salat, nachmittags eine Hand voll Rohkost und abends ein Gericht mit viel Gemüse.

Das Forscherteam war sich nicht sicher, ob es nur an den Nährstoffen von Obst und Gemüse gelegen oder ob die Bewertung eine Rolle gespielt hat: nämlich, dass wir uns besser fühlen, weil wir uns gesund ernährt haben.

Sie haben die Möglichkeit, es selbst auszuprobieren. Obst und Gemüse schmecken immer, und davon kann man nie zu viel essen.

*Quelle: A. Alexander 2013, S. 81*

# 4. Die Gemeinschafts-Bremse

In diesem Abschnitt geht es um einen ganz anderen Aspekt, nämlich um Essen als soziale Handlung. Mal angenommen, Sie haben sich Süßes schon gut abgewöhnt und kommen wunderbar ohne aus. Es gibt aber immer wieder Situationen, in denen Sie in Gesellschaft sind oder eingeladen werden, zum Beispiel zu Kaffee und Kuchen oder zum Eis als Nachtisch. Selbst wenn Sie im Moment gar keine Lust darauf verspüren, haben Sie vielleicht den Eindruck, es wäre unhöflich, das Angebotene abzulehnen.

*Sie haben sich Süßes schon gut abgewöhnt und kommen wunderbar ohne aus.*

Das ist ein sehr gewichtiges Argument, denn Essen ist eine soziale Tätigkeit, die wir oft in Gemeinschaft ausführen. Vor allem am Anfang kann es sich sehr ungewohnt oder sogar „falsch" anfühlen, in solchen Situationen einfach mit „Nein, danke" abzulehnen. Stellen Sie sich vor, Sie sind zum Geburtstagskaffee bei einer Kollegin eingeladen. Da gibt es eine Menge Befürchtungen, die eine Rolle spielen können:

- „Sie hat sich solche Mühe mit dem Kuchen gegeben – da ist es unhöflich abzulehnen."
- „Vielleicht ist sie beleidigt und lädt mich nie wieder ein?"
- „Wie stehe ich denn da? Als Spaßverderber, schräger Vogel, Gesundheitsapostel – so will ich nicht gesehen werden."
- „Da fühle ich mich richtig ausgeschlossen, wenn ich nicht mitesse."

Und es gibt noch ein weiteres Phänomen: Manchmal fühlen sich die anderen sogar unwohl, wenn jemand in ihrer Gegenwart auf einmal so konsequent keine Süßigkeiten mehr zu sich nimmt, vor allem dann, wenn diese Personen sich selbst für zu dick oder undiszipliniert beim Essen halten. Auf sie wirkt es wie ein Spiegel, der ihnen vorhält: „Siehst du, sie/er schafft das, was du nicht schaffst." Das kann dazu führen, dass allein Ihr Verzicht auf Süßes auf diese Personen wie ein Vorwurf wirkt, und übrigens auch ein Grund dafür sein, dass andere versuchen, Sie doch zum Kuchen- oder Eisessen zu bewegen.

Das Dilemma, in dem Sie in solchen Situationen stecken, ist: Sie tun sich einerseits etwas Gutes, indem Sie den Kuchen ablehnen, auf der anderen Seite befürchten Sie vielleicht, dass andere irritiert, vielleicht sogar beleidigt sind oder sich nicht mehr wohl fühlen beim Sündigen.

## Die Gemeinschafts-Bremse lösen: Sagen Sie NEIN zu den Auslösern

Alle Überlegungen laufen in einer solchen Situation in Sekundenschnelle ab. Oft sind es einfach zu viele Gründe auf einmal, die gegen ein Nein sprechen. Dazu kommt, dass es einen starken Verführungsimpuls gibt. Wenn der Kuchen schon vor Ihnen steht, sieht er lecker aus, und ein Nein fällt immer schwerer und fühlt sich immer absurder an.

*Vielleicht möchten Sie sich entscheiden, in solchen Situationen eher Nein zu sagen.*

Eine Möglichkeit wäre, sich dafür zu entscheiden, in solchen sozialen Situationen ein Stück Kuchen zu nehmen und zu genießen. Wenn diese Situationen eher selten vorkommen und bei Ihnen nicht zu unangenehmen Heißhunger-Attacken führen, ist das eine gute Möglichkeit.

Wenn Sie schon sehr zuckerentwöhnt sind, wird Ihnen der Kuchen wahrscheinlich gar nicht mehr schmecken. Ihr Körper fühlt sich nach dem Zuckerverzehr nicht gut an. Viele Menschen, die eine Zeit lang auf Zucker verzichtet haben, schildern: „Es war mir viel zu süß und hat mir gar nicht richtig geschmeckt. Und außerdem habe ich gemerkt, dass ich danach sofort müde und irgendwie energielos war." Vielleicht möchten Sie sich entscheiden, in solchen Situationen eher Nein zu sagen. Wenn es Ihnen leicht fällt, Nein zu sagen – wunderbar, dann tun Sie es.

Falls es Ihnen schwerfällt und Sie sich zwar vornehmen, Nein zu sagen, und am Ende doch das Stück Kuchen auf Ihrem Teller liegt, fragen Sie sich: Was sind Ihre Auslöser-Knöpfe? Wie können andere Sie dazu verleiten, doch Süßes zu essen?

| Ihre Auslöser-Knöpfe für ein JA, obwohl Sie eigentlich NEIN sagen möchten | ja/nein |
|---|---|
| Ich möchte nicht als uncoole Spaßbremse oder Gesundheitsapostel gelten. | |
| Mir fällt es generell schwer, einen Wunsch abzulehnen. | |
| Mein soziales Umfeld übt Druck auf mich aus und versucht mich zu überreden. | |
| Ich bin sehr harmoniebedürftig und kann es schwer ertragen, wenn andere beleidigt sind. | |
| Ich fühle mich ausgeschlossen. | |
| Sonstiges … | |
| | |
| | |
| | |
| | |

Es ist hilfreich, sich die Auslöser-Gründe bewusst zu machen, denn oft stecken nur vage und meist unbewusste Befürchtungen dahinter. Deshalb macht es Sinn, diese Befürchtungen genauer im Hinblick auf Ihre Auswirkungen zu untersuchen. Fragen Sie sich bei jedem Grund, der auf Sie zutrifft: Was könnte schlimmstenfalls passieren? Was wird wahrscheinlich geschehen? Und falls es negative Auswirkungen gibt (dass zum Beispiel tatsächlich jemand beleidigt ist): Wie lange wird der Zustand anhalten? Wenn Ihr Auslöser-Knopf zum Beispiel die Befürchtung ist, dass Sie Ihr Umfeld seltsam ansieht und Sie eventuell als spaßverderbender Gesundheitsapostel gelten, könnten Ihre Antworten so aussehen:

| Auslöser-Knopf: Befürchtung, als uncool, Spaßbremse oder Gesundheitsapostel zu gelten | |
|---|---|
| Was könnte schlimmstenfalls passieren? | - Ich werde damit aufgezogen und muss mir ständig Sprüche anhören.<br>- Ich werde nicht mehr eingeladen.<br>- Die anderen vermitteln mir das Gefühl, dass ich irgendwie anders bin und nicht mehr dazugehöre. |
| Was wird wahrscheinlich passieren? | - Wahrscheinlich wird ab und zu ein Spruch kommen, einladen werden sie mich aber weiterhin.<br>- Und wahrscheinlich wird mancher sich das auch ganz interessiert angucken, vor allem wenn es mir gut damit geht.<br>- Einige Gäste werden durch meine positiven Erfahrungen ermuntert, es auch mal auszuprobieren.<br>- Das Gefühl, nicht dazuzugehören, mache ich mir nur selbst. |
| Falls es negative Auswirkungen gibt: Wie lange werden Sie vermutlich anhalten? | - Die Sprüche und auch die Überredungsversuche werden nach einiger Zeit vermutlich aufhören. |
| Wie könnten Sie damit umgehen? | - Wenn ich entspannt damit umgehe und dazu stehe, dass mir meine Gesundheit wichtig ist, dass ich aber trotzdem weiterhin – oder gerade deshalb – Spaß am Leben habe, habe ich auch kein Problem mit den Sprüchen der anderen. |

| Übung: Befürchtungen gedanklich durchspielen | |
|---|---|
| Was ist Ihr Auslöser-Knopf? | |
| Was könnte schlimmstenfalls passieren? | |
| Was wird wahrscheinlich passieren? | |
| Falls es negative Auswirkungen gibt: Wie lange werden Sie vermutlich anhalten? | |
| Wie könnten Sie damit umgehen? | |

Eine andere Variante der Gemeinschafts-Bremse sind Situationen innerhalb der Familie, der Partnerschaft oder mit Freunden, die Sie immer wieder in Versuchung führen. Zum Beispiel wenn die ganze Familie Sonntagnachmittag Kuchen isst oder es eine Lieblingsschokolade gibt, die Sie häufig gemeinsam nach dem Abendessen verzehren. Oder wenn Sie sich mit einer Freundin regelmäßig zum Kuchenessen verabreden. Solche Gemeinschafts-„Rituale" haben eine große Verführungskraft, weil damit positive Erlebnisse verbunden sind und ein Zusammengehörigkeitsgefühl geschaffen wird. Wenn Sie sich aus solchen Ritualen verabschieden, ist das sowohl für Sie als auch für die anderen Beteiligten erst mal irritierend.

Fragen Sie sich: Was genau verführt Sie in solchen Situationen? Ist es die Lust auf Süßes oder die Gewohnheit oder eher der Wunsch nach Gemeinschaft, das Gefühl dazuzugehören?

- Überlegen Sie sich vorher, wie Sie sich in diesen Situationen verhalten möchten: etwas anderes essen, nichts essen und genießen, dass Sie nach einiger Zeit keinen Heißhunger auf Süßes haben, ab und zu mitessen, aber Vorsicht, das kann schnell wieder zur alten Gewohnheit werden.
- Welche Alternativen gäbe es? Welche anderen gemeinsamen Rituale existieren vielleicht schon?

**Welche neuen Rituale könnten Sie einführen?**
- Sprechen Sie mit Ihrer Familie, wie Sie damit umgehen möchten. Wie könnte Ihre Familie Sie unterstützen? Vielleicht hat einer aus der Familie Lust mitzumachen? **Aber Achtung:** Machen Sie sich nicht davon abhängig, ob jemand mittut oder nicht!

**Fazit: Gemeinschafts-Bremse lösen**
1. Machen Sie sich klar, welche Situationen Sie immer wieder zum Zuckerkonsum verführen.
2. Was sind Ihre Auslöser dafür, Ja statt Nein zu sagen, und welche Befürchtungen stehen möglicherweise unbewusst dahinter?
3. Überlegen Sie sich, wie Sie sich zukünftig in solchen Situationen verhalten möchten.

**Was Sie noch für sich tun können:**
- Bringen Sie für sich Ersatz mit, zum Beispiel in Form von selbstgebackenem Kuchen, Müsliriegel (siehe Rezeptteil) oder Obst.
- Sprechen Sie bei der Einladung mit dem Gastgeber ab, was da ist (Natur-Joghurt und Obst werden die meisten als Alternative zur Verfügung stellen können).
- Wenn Sie keine Alternativen mitnehmen möchten: Essen Sie sich zu Hause vor einer Einladung zu Kaffee und Kuchen satt. So haben Sie vor Ort keinen Hunger mehr, und das Neinsagen fällt Ihnen leichter.
- Ist es nur eine kleine Gruppe, und können Sie Einfluss auf die Gestaltung der Einladung nehmen: Verabreden Sie eher ein Treffen zum Mittag-, oder Abendessen oder zum Frühstück – Ihre Familie und Freunde stellen sich mit der Zeit darauf ein und setzen Ihnen lieber etwas vor, was Ihnen schmeckt.
- Überlegen Sie sich im Restaurant, welche Alternativen Sie bestellen möchten. Essen Sie zum Beispiel eine Suppe, wenn alle anderen Kuchen wählen; als Nachtisch-Alternative gibt es in manchen Restaurants Käse oder Obstsalat (fragen Sie, ob er ohne Zucker gemacht ist!). Es fällt nicht auf (außer Ihnen selbst), wenn Sie keinen Nachtisch bestellen. Falls Sie in einem Hotel Halbpension gebucht haben, ist es problemlos möglich, den Nachtisch abzubestellen (oder es findet sich jemand, der Ihren Nachtisch gerne übernimmt).

*Ihre Familie und Freunde stellen sich mit der Zeit darauf ein und setzen Ihnen lieber etwas vor, was Ihnen schmeckt*

- Legen Sie sich eine „Ausrede" zurecht, damit Sie nicht überrumpelt werden, und aus Versehen doch Ja sagen, obwohl Sie Nein meinen. Vielleicht fällt es Ihnen leichter, wenn Sie ihr Nein begründen: „Mein Arzt hat mir empfohlen …", „Ich verzichte für ein paar Monate lang auf Zucker …" oder eben ein einfaches „Nein, danke" – ohne Begründung.

Vielleicht finden Sie es merkwürdig oder übertrieben, solche banalen Situationen gedanklich vorher so genau durchzuspielen. Aber genau das erhöht Ihre Chance, aus dem automatisierten Mechanismus auszusteigen und ein neues Muster zu etablieren. Und für die meisten ist es alles andere als banal oder einfach – sonst hätten Sie es vermutlich schon längst getan.

### Übung „Verführungs-Check": Einladungen und Essen in Gesellschaft

Welche Situationen tauchen bei Ihnen typischerweise auf? Schreiben Sie in der folgenden Liste auf, welche Situationen in Gesellschaft Sie verführen, und überlegen Sie, wie Sie in Zukunft damit umgehen möchten.

| Situation gedanklich durchspielen | Wie möchte ich damit umgehen? |
|---|---|
| | |
| | |
| | |
| | |
| | |

## Willkommen beim Forschungsprojekt „Bremsen lösen"

Falls Sie die Übungen aus diesem Kapitel noch nicht absolviert haben, ist jetzt ein guter Zeitpunkt, um Ihre individuelle Art von „Bremse" ausführlicher zu erforschen. Lassen Sie sich Zeit für diese „Forschungsphase".

*Manchmal müssen mehrere Bremsen gelöst werden, vielleicht sogar alle vier.*

Untersuchen Sie Ihre Gewohnheiten, finden Sie Ihre Schwachstellen, und entwickeln Sie Lösungen. Vielleicht stellen Sie fest, dass bei Ihnen eine Bremse die wichtigste Rolle spielt – dann reicht es, sich mit dieser Bremse ausführlich zu beschäftigen. Manchmal müssen mehrere Bremsen gelöst werden, vielleicht sogar alle vier. Dann brauchen Sie etwas mehr Zeit für diese Forschungsphase.

# Nehmen Sie Fahrt auf!

## Menschen sind Gewohnheitstiere – von Autobahnen und Trampelpfaden

Angenommen, Sie entscheiden sich dazu, Ihre Ernährungsgewohnheiten zu ändern. Statt zuckerhaltigen Getränken trinken Sie Mineralwasser und statt der Feierabend-Schokolade gehen Sie lieber eine Runde um den Block. Was auch immer Sie sich vornehmen: Wenn Sie Ihre Lebensgewohnheiten verändern möchten, gibt es einen wichtigen Effekt zu beachten: Menschen sind Gewohnheitstiere, und es fällt uns schwer, Gewohnheiten zu verändern.

Das hat einen guten Grund, denn eingespielte Gewohnheiten erleichtern das Leben. Sie müssen nicht darüber nachdenken, nichts entscheiden, es läuft einfach wie von allein. Womit Sie Ihren Einkaufswagen im Supermarkt füllen, was Sie täglich zum Frühstück essen, was Sie sich zu essen mit ins Büro nehmen (oder auch nicht mitnehmen). All das läuft deshalb reibungslos, weil es eingespielt ist und Sie nicht weiter darüber nachdenken. Das gibt Ihnen den Freiraum, über berufliche Themen oder anderes nachzudenken und zu entscheiden. Vielleicht haben Sie es schon einmal bemerkt, dass solche Gewohnheiten eine große Beharrungskraft haben und nicht leicht zu verändern sind.

Ich (Ute Schüwer) hatte mir vor ein paar Jahren vorgenommen, regelmäßig jede Woche Seefisch zu essen, weil meine Ärztin bei mir einen Vitamin-B$_{12}$-Mangel festgestellt hat. Bis dahin hatte ich nicht die Gewohnheit, Fisch selbst zuzubereiten. Ich esse gerne Fisch, aber immer nur im Restaurant oder bei Einladungen. Von dem Moment an, als ich es mir vorgenommen hatte, dauerte es allerdings mehrere Monate, bis der erste Fisch wirklich in meiner Pfanne landete.

Ich habe es einfach immer wieder vergessen, und der Fisch schaffte es nicht bis auf meinen Einkaufszettel. Oder es scheiterte an Überlegungen wie: „Ach, ich habe keine Ahnung, wie ich Fisch lecker zubereiten kann" oder „Ich weiß gar nicht, wo man richtig guten Fisch kaufen kann" und endete in: „Das ist mir jetzt zu kompliziert, da habe ich keine Lust zu." Das sind ja wirklich sehr einfach lösbare Fragen. Ich brauchte nur in eines meiner Kochbücher zu gucken und meine Nachbarn, die Koch-Experten sind, nach einer guten Einkaufsmöglichkeit fragen. Trotzdem dauerte es wie gesagt Monate, bis ich es zu einer neuen Gewohnheit machte, Fisch selbst zuzubereiten.

*Trotzdem dauerte es Monate, bis ich es zu einer neuen Gewohnheit machte, Fisch selbst zuzubereiten.*

Der Grund dafür, dass es so schwerfällt, eingespielte Gewohnheiten zu verändern, ist in den letzten Jahren von der aktuellen Hirnforschung belegt worden. Gerald Hüther, ein bekannter Hirnforscher, beschreibt das mit einem sehr plastischen Bild. Eingespielte „automatisierte" Gewohnheiten sind Verschaltungen im Gehirn, die sehr gut erprobt sind und automatisch funktionieren. Man kann sie mit breiten Autobahnen vergleichen. Wenn Sie zum Beispiel einen Supermarkt betreten und sich wie automatisch auf das Regal mit Sahnepudding, Schokolade etc. zubewegen. Oder wenn Sie Schokolade aus dem Schrank holen, auspacken und drei Riegel essen, bevor Sie überhaupt realisieren, was Sie da gerade machen.

### Verändern Sie Ihre Gewohnheitsmuster

Gewohnheitsmuster wirken sehr stark. Wenn Sie diese Muster verändern möchten, müssen in Ihrem Gehirn neue Vernetzungen gebahnt werden. Um in dem Bild zu bleiben, ist das so, als würden Sie einen neuen Trampelpfad begehen. Am Anfang ist es schwierig, diesen Weg zu gehen, es gibt Hindernisse, die Sie aus dem Weg räumen müssen. In jedem Fall müssen Sie den Trampelpfad sehr lange immer wieder beschreiten, bevor daraus eine „Straße" oder eine neue „Autobahn" in Ihrem Gehirn werden kann.

Vor diesem Hintergrund erscheinen auch sogenannte „Rückfälle" in einem anderen Licht: Die „Autobahn"-Gewohnheitsmuster wirken so stark, dass es sehr selten gelingt, eine Gewohnheit von einem Tag auf den anderen dauerhaft umzustellen. Die Normalität sieht anders aus: Vor allem am Anfang wird es immer wieder Momente geben, in denen die „Autobahn" reaktiviert wird und Sie in die alte Gewohnheit zurückfallen, die sie eigentlich ablegen wollen. Das Problem ist nicht, dass Sie zwischendurch immer mal wieder zur Schokolade greifen. Das Problem liegt im Umgang damit begründet. Oft kommentiert es der innere Kritiker gnadenlos als „Versagen", „Versuch gescheitert" oder „Ich hab's doch gleich gesagt, dass du es nicht schaffst!". Vielleicht fühlen Sie sich in diesen Momenten schnell inkonsequent und haben das Gefühl, dass es keinen Zweck hat weiterzumachen. Vorsicht, denn genau in diesem Moment verlieren Sie möglicherweise Ihre Motivation, dauerhaft dranzubleiben!

*Das Problem ist nicht, dass Sie zwischendurch immer mal wieder zur Schokolade greifen.*

### Was Sie tun können

Sie benötigen eine Art „Training" Ihres Gehirns, wenn Sie Ernährungsgewohnheiten langfristig umstellen wollen. Genauso wie Sie ein paar Monate Lauftraining benötigen, um eine bessere Kondition zu bekommen, braucht Ihr Gehirn eine gewisse Zeit, um neue Gewohnheiten zu „erlernen". Als Richtwert gilt: Wenn Sie eine neue Gewohnheit etwa 30 Tage – also einen Monat lang – mehr oder weniger täglich etablieren, wird daraus langsam ein neues Gewohnheitsmuster (vgl. Sedmak, 2014). Das ist allerdings noch sehr fragil und kann schnell wieder gestört werden. Wenn Sie zum Beispiel eine beruflich stressige Phase haben, werden schnell wieder alte Muster aktiviert. Denn die neuen Muster sind noch nicht so gefestigt – es sind sozusagen erst Trampelpfade.

Manche Wissenschaftler gehen davon aus, dass es bei Essgewohnheiten drei Jahre braucht, bis die neue Gewohnheit wirklich stabil ist (vgl. Zeug, 2013). In jedem Fall braucht es ein paar Monate, bis es sich leicht anfühlt, die neue Gewohnheit beizubehalten. Das bedeutet nicht, dass es unmöglich ist, sein Essverhalten zu verändern. Aber es ist hilfreich, ein paar Dinge zu beachten:

- **Planen Sie kleine, realistische Schritte.** Für die meisten Menschen ist der Plan „ab sofort gar kein Zucker mehr" eine Überforderung und deshalb demotivierend. Überlegen Sie also, welcher erste kleine Schritt für Sie motivierend ist, zum Beispiel „kein Zucker mehr im Tee oder Kaffee". Vorschläge zu einzelnen kleinen Schritten finden Sie ab Seite 146 ff.

- **Beginnen Sie mit kurzen „Testphasen".** Die Vorstellung, eine Essgewohnheit „für immer" zu ändern, raubt vielen Menschen die Kraft und hindert sie daran, überhaupt erst damit zu beginnen. Wie würde es sich anfühlen, wenn Sie als Experiment einen Tag oder eine Woche Ihre Essgewohnheiten verändern? Und danach vielleicht auf einen Monat verlängern? So haben Sie schneller ein Erfolgserlebnis – das motiviert und macht Lust auf neue Herausforderungen. Wenn Sie feststellen, dass Sie eine zuckerfreie Experimentierphase genießen konnten, bekommt das Projekt „zuckerfrei" mit der Zeit für Sie eine positive Bedeutung. So können Sie es richtiggehend genießen. Menschen, die es gewohnt sind, Obst zu essen, gelüstet es nach einiger Zeit automatisch

> *Das große Problem beim Zuckerverzehr ist, dass unser Körper keine Obergrenze dafür kennt.*

danach. Wenn ein Etappenziel zu einer neuen Gewohnheit geworden ist, können Sie den nächsten Schritt angehen.

- **Schaffen Sie Anreize durch Belohnungen.** Gönnen Sie sich zum Beispiel nach einer Woche eine Massage; nach einem Monat einen Kurzurlaub, nach zwei Monaten ein besonderes Kleidungsstück usw. Sie sollten sich die Belohnung auch dann gönnen, wenn Sie nur ab und zu das gewünschte Verhalten gezeigt haben. Das ist ein Fortschritt zu vorher und in jedem Fall wert, gewürdigt zu werden! Vielleicht wird es Ihnen in der nächsten Testphase öfter gelingen. Seien Sie gnädig mit sich, und lassen Sie sich Zeit, nach und nach mehr von dem gewünschten Verhalten umzusetzen.

  *Seien Sie gnädig mit sich, und lassen Sie sich Zeit, nach und nach mehr von dem gewünschten Verhalten umzusetzen.*

- **Schaffen Sie neue Gewohnheiten.** Es ist leichter, etwas Neues hinzuzulernen, als sich Altes abzugewöhnen. Wenn Sie zum Beispiel gerne süßen Nachtisch essen, ist es für Sie leichter, diesen Nachtisch durch natursüße Desserts zu ersetzen (Vorschläge dazu finden Sie im Rezeptteil auf Seite 181).

- **Ziehen Sie Bilanz.** Nach jeder „Experimentierphase" können Sie eine kurze Bilanz ziehen: Welche Erfahrungen haben Sie gemacht? Was war positiv? Was hat nicht so gut funktioniert? Was wollen Sie in Zukunft ändern? Was wollen Sie beibehalten (nutzen Sie dazu das Arbeitsblatt auf Seite 165)?

- **Gehen Sie gnädig mit sich um: „Ehrenrunden" ins alte Verhalten gehören dazu.** Experimentierphase bedeutet auch, dass „Rückfälle" in das alte Verhalten dazugehören. Das ist normal, und Sie können sie als Lernmöglichkeit nutzen, wenn Sie „Bilanz" ziehen. Gunther Schmidt nennt das „eine Ehrenrunde ins alte Verhalten drehen" (Schmidt, 2004). Das klingt in meinen Ohren viel motivierender als Wörter wie „Rückfall" oder „Versuch gescheitert". Überlegen Sie außerdem: Was hat dazu geführt? Möchten Sie es beim nächsten Mal anders machen? Wenn ja, wie? Und ganz wichtig: Selbst wenn Sie hin und wieder zu Eis, Kuchen oder Nachtisch greifen – solange das Ausnahmen bleiben, ist das kein Problem. Und wenn sich doch langsam wieder die alten Gewohnheiten einschleichen sollten und Sie immer öfter zum Zucker greifen? Dann können Sie dennoch wieder neu starten. Fragen Sie sich: Was hat dazu geführt, dass sich die Gewohnheit wieder eingeschlichen hat? Wann hat es gut funktioniert? Was möchten Sie diesmal anders machen? Es ist hilfreich, die Ernährungsumstellung als ein längeres Forschungsprojekt zu sehen, das Sie eine Zeit lang begleiten wird und währenddessen Sie immer wieder neue Dinge an sich erkennen sowie Neues ausprobieren können. Manche schaffen es beim zweiten oder dritten Versuch dauerhaft. Es lohnt sich, wenn Sie es mehrere Male versuchen.

*Fragen Sie sich: Was hat dazu geführt, dass sich die Gewohnheit wieder eingeschlichen hat?*

- **Gönnen Sie sich in der Umstellungsphase ausreichend Schlaf, Pausen und Entspannung.** Schlaflosigkeit, Bewegungslosigkeit und Stress führen zu mehr Heißhunger (Alexander, 2013). Eine sehr einfache Möglichkeit, die Sie auch bei knappem Zeitbudget umsetzen können, ist das Aufstellen einer Duftlampe mit ätherischen Ölen zum Beispiel im Schlaf- oder Wohnzimmer. Orangen- und Lavendelöl beruhigen Sie tagsüber und sorgen für entspannten Schlaf in der Nacht. Ein täglicher kurzer Spaziergang sorgt außerdem für ausreichend Bewegung und Entspannung.

## Worauf Sie sich einstellen können

Es ist gut zu wissen, worauf Sie sich einlassen, wenn Sie Zucker reduzieren. Vor allem am Anfang gibt es häufig ein paar Begleiterscheinungen, auf die Sie sich einstellen können:
1. **Der Heißhunger und die Lust auf Süßes bleiben am Anfang so stark wie eh und je.** Doch schon nach einer Woche geht das Verlangen meist merklich zurück. Nach ein paar Wochen fühlt es sich oft überhaupt nicht mehr wie ein Verzicht an, sondern – im Gegenteil – nach mehr Genuss.

2. **„Am Anfang schmeckt alles wie Pappe."** Es mag sich etwas übertrieben anhören, aber der neue „natursüße" Geschmack ist zunächst sehr gewöhnungsbedürftig. Desserts, Kuchen, Müsliriegel oder Hirsemüsli schmecken ohne Zucker für den zuckergewohnten Gaumen oft fad oder langweilig. Auch Kaffee ohne Zucker oder Mineralwasser munden erst mal nicht, wenn Sie gesüßte Getränke gewohnt sind. Manchmal dauert es ein paar Tage oder Wochen, bis sich Ihr Geschmackssinn auf die feineren Nuancen eingestellt hat.

3. **Finden Sie heraus, was für Sie auf Dauer ein gutes Maß ist.** Für den einen ist es am leichtesten, vollständig auf Zucker zu verzichten, weil der Heißhunger nicht mehr auftaucht. Für andere ist es wiederum einfacher, sich ab und an etwas Süßes zu erlauben. Probieren Sie aus, womit Sie sich wohler fühlen. Wenn das Zielbild stimmig und motivierend ist, fallen kleine „Ausrutscher" gar nicht mehr so ins Gewicht, weil Sie insgesamt auf Ihrem Zielpfad bleiben.

*Wenn das Zielbild stimmig und motivierend ist, fallen kleine „Ausrutscher" gar nicht mehr so ins Gewicht*

Das fühlt sich an, wie wenn Sie kleine Umwege gehen und anschließend wieder die richtige Richtung einschlagen.

## Jetzt wird's konkret: Was möchten Sie verändern?

Grundsätzlich gibt es zwei Methoden, wie Sie das Thema „Zucker-Abstinenz" angehen können:

> 1. Ganz oder gar nicht" – Das heißt, Sie verzichten sofort und radikal auf sämtlichen Zucker in Ihrer Ernährung.
>
> 2. Schritt für Schritt" – Sie setzen nach und nach kleine Veränderungen im Alltag um und lassen sie zur neuen Gewohnheit werden.

Bevor Sie sich für eine der beiden Alternativen entscheiden, sollten Sie noch eine dritte Variante prüfen, und zwar die „Gar nichts am Ernährungsverhalten verändern"-Methode.

Es klingt absurd, denn es geht Ihnen ja darum, Zucker zu reduzieren. Häufig stellen Menschen aber fest, dass sich ihr Essverhalten automatisch verändert, nachdem sie sich zum Beispiel mit ihrem „inneren Kritiker" oder ihrem Zielbild intensiver beschäftigt haben. Wenn Sie einen positiveren Blick auf sich selbst entwickeln, braucht es manchmal gar keinen „Vorsatz" und keine „Disziplin" mehr.

### Fallbeispiel: Lena, 33 Jahre

Lena war immer schlank, hat aber in den letzten Jahren ungefähr drei Kilo zugenommen. Jetzt möchte sie wieder ihre alte schlanke Figur. Jeden Morgen nimmt sie sich vor, heute keine Süßigkeiten zu essen. Am Ende des Tages hat sie sich meist drei Schokoriegel vom Kiosk „gegönnt".

Nachdem sie sich mit ihrem „inneren Kritiker" beschäftigt hat, entscheidet sie sich dafür, zufrieden zu sein mit ihrem Gewicht, so wie es jetzt ist. Sie beschließt, sich zu erlauben, alles zu essen, worauf sie Lust hat. Nach ein paar Wochen stellt sie erstaunt fest, dass sie keine Schokoriegel mehr gegessen und auch keinen Hunger mehr darauf hat, weil sie ihr viel zu süß und klebrig sind.

> *Wenn Sie einen positiveren Blick auf sich selbst entwickeln, braucht es manchmal gar keinen „Vorsatz" und keine „Disziplin" mehr.*

### Innere Zufriedenheit entwickeln

Vielleicht stellen auch Sie fest, dass Sie ganz zufrieden mit sich sein können, so wie Sie sind. Solange keine gesundheitlichen Probleme vorhanden sind und Sie sich rundum wohl fühlen mit Ihrem Körper, spricht nichts dagegen, gar keine Veränderung vorzunehmen. Das gilt vor allem dann, wenn Ihnen die „Vorsätze" Stress bereiten.

Genau genommen heißt diese Option, dass sich durch Ihre innere Zufriedenheit und ohne den Druck, dringend abzunehmen, eine tendenziell gelassenere Haltung in Ihnen entwickelt. Mittelfristig wird sich dadurch Ihr Ernährungsverhalten von allein ändern.

## „Schritt für Schritt" den Zucker reduzieren

Die „Schritt-für-Schritt-Variante" ist möglicherweise für Sie die effektivste Möglichkeit, sich vom Zucker zu „verabschieden". Der Vorteil dabei ist, dass Sie kleine, überschaubare Veränderungen gut in Ihren Alltag integrieren können. Erste Erfolge sind so schnell erreicht und motivieren Sie, weitere Schritte folgen zu lassen.

Wann immer eine Veränderung für Sie zu einer neuen Gewohnheit geworden ist und Sie den Wunsch auf weitere Veränderungen spüren, können Sie den nächsten Schritt starten. So schaffen Sie es, im Laufe eines Jahres den Zucker nach und nach zu reduzieren. Sie können auch nur ein oder zwei Schritte umsetzen und damit zufrieden sein. Wenn Sie zum Beispiel bislang jeden Tag 1,5 Liter zuckerhaltige Limonaden getrunken haben, kann Ihnen nur das Umstellen auf Mineralwasser Erfolg bringen. Durch die Umstellung auf Wasser werden Sie sicher einige Kilo Gewicht verlieren. Vielleicht genügt Ihnen das als Erfolg. Einige Menschen nehmen damit 15 Kilogramm ab, andere weniger. Realistisch sollten 4 bis 5 Kilo Gewichtsverlust sein.

*Durch die Umstellung auf Wasser werden Sie sicherlich einige Kilo an Gewicht verlieren.*

### 1. Ersetzen Sie zuckerhaltige Getränke

Zucker steckt vor allem in Getränken wie Limonaden (auch Bio-Limonade!), Cola oder gesüßten Fertig-Tees. Trinken Sie stattdessen Mineralwasser oder (ungesüßte) Kräutertees. Auf den ersten Blick scheinen Fruchtsäfte eine leckere Alternative zu sein. Doch Fruchtsäfte enthalten sehr viel Fruchtzucker (Fruktose). Im Gegensatz zum ganzen Obst fehlen aber die Ballaststoffe. Die Fruktose kann isoliert wirken. Ein Glas Saft hebt Ihren Blutzucker genauso stark an wie ein Glas Limonade. Zudem schädigt zu viel Fruktose Ihre Leber. Es kommt zu Fetteinlagerungen in den Leberzellen.

### 2. Trinken Sie Kaffee und Tee ohne Zucker

Wenn Sie möchten, können Sie statt Zucker mit anderen Geschmacksvarianten experimentieren. Versuchen Sie zum Beispiel etwas Zimt in Ihrem Kaffee oder Kardamompulver in schwarzem Tee.

## 3. Schlemmen Sie natursüße Nachtische statt Zuckerbomben

Variieren Sie die folgenden natursüßen Möglichkeiten nach Belieben:
- Natur-Joghurt mit frischen Früchten, gehackten Mandeln und Zimt
- frische Ananas-Scheiben oder Erdbeeren mit etwas ungesüßter Schlagsahne
- frische Mango mit etwas Pfeffer und Zitronensaft
- Birnenschnitze mit Walnüssen

Nach einer kurzen Umgewöhnungszeit schmecken Ihnen diese kleinen Häppchen sehr gut und sind für Sie der krönende „süße" Abschluss eines deftigen Mahles. Wenn Sie sich etwas Besonderes gönnen oder Gäste bewirten möchten, gibt es köstliche natursüße Nachtische, wie zum Beispiel Mango- oder Pflaumencreme oder selbst gemachtes Eis (siehe Rezeptteil im Anhang).

*Halten Sie für den kleinen Hunger zwischendurch oder für Ihre Knabberlust am Abend Alternativen zu Schokolade & Co. bereit.*

## 4. Ersetzen Sie Schokolade und andere Süßigkeiten durch gesunde salzige oder natursüße Snacks

Halten Sie für den kleinen Hunger zwischendurch oder für Ihre Knabberlust am Abend Alternativen zu Schokolade & Co. bereit. Wählen Sie zum Beispiel:
- Studentenfutter
- Nüsse nach Belieben (Pistazien, Cashewkerne, Mandeln etc.). Nüsse sind sehr gut als kleine Zwischenmahlzeit. Ich empfehle Ihnen Nüsse ohne alles, also ungesalzen und ohne Fett. Je salziger Sie essen, desto mehr Appetit bekommen Sie darauf. Außerdem macht extrem Salziges wiederum Heißhunger auf Süßes – und das wollen Sie doch unbedingt vermeiden. Kaufen Sie Nüsse ohne zusätzliches Fett, weil Fett und Salz wie eine Art Geschmacksverstärker wirken.
- Wenn Sie gerne backen: Ein leckerer Snack für zwischendurch sind selbst gebackene Müsliriegel – sie sind leicht zuzubereiten und halten sich mindestens zwei Wochen im Kühlschrank (siehe Rezeptteil).

## 5. Essen Sie natursüßes Gebäck

Wenn Sie auf Kuchen nicht verzichten möchten, probieren Sie Kuchen und Gebäck aus, das nur mit Früchten oder einer kleinen Menge Honig gesüßt wird, wie zum Beispiel Erdbeerkuchen oder Windbeutel (siehe Rezeptteil). Diese leichte Süße bedient die Lust aufs Naschen, ohne Heißhunger auf extreme Zuckerbomben zu verursachen. Wenn Sie nicht gerne selbst backen, probieren Sie Kuchen vom Bio-Vollwertbäcker. Der ist meist mit Honig gesüßt und wesentlich weniger süß als beim herkömmlichen Bäcker.

*Wenn Sie nicht gerne selbst backen, probieren Sie Kuchen vom Bio-Vollwertbäcker.*

## 6. Vermeiden Sie versteckten Zucker

Machen Sie es sich im Supermarkt zur Gewohnheit, einen Blick auf die Zutatenliste zu werfen. Zucker oder Zuckerersatzstoffe (siehe Seite 55)

| Dieses zuckerhaltige Produkt … | … können Sie ersetzen durch … |
|---|---|
| Marmelade | Fruchtaufstrich ohne Zucker |
| Fertigmüsli (auch aus dem Bioladen), Cornflakes, Honigpops usw. | Müslimischungen ohne Zusätze (gibt es meist im Bioladen oder Reformhaus) Müsli nach Belieben selber mischen, z.B. mit Haferflocken, Nüssen, Rosinen, Sonnenblumenkernen usw. |
| Fertiggerichte | selbst kochen (siehe Rezeptteil) |
| Müsliriegel | Studentenfutter Müsliriegel, die nur aus Nüssen und Trockenfrüchten bestehen (gibt es im Bioladen oder Reformhaus) selbst gebackene Müsliriegel |
| Fertig-Salatsaucen | Machen Sie das Dressing selbst aus Essig und Öl mit Salz, Pfeffer und mit Kräutern nach Belieben. Nehmen Sie kaltgepresstes Öl und Essig ohne Zusatzstoffe aus dem Bioladen oder Reformhaus. So schmeckt die Salatsauce prima. |
| Ketchup oder Grillsaucen | Tomatenmark, Ketchup ohne Zucker, selbst gemachte Grillsaucen (siehe Rezeptteil) |

befinden sich in nahezu allen Fertigprodukten, Müsliriegeln, Müslimischungen und Marmelade. Marmelade enthält meist mehr als 60 % Zucker. Sie finden hier jeweils mehrere Alternativen, wie Sie ein Produkt ersetzen können. Suchen Sie sich die Alternative aus, die für Sie am einfachsten ist.

Mit diesen sechs Schritten haben Sie alles getan, um Zucker aus Ihrer Ernährung zu verbannen. Trotzdem führen wir noch drei weitere Schritte an, bei denen es genau genommen gar nicht um Zucker geht, sondern um eine naturbelassene, gesunde Ernährung ohne Chemie, Auszugsmehl und ungesunde Fette. Denn: Je weniger Chemie und je mehr naturbelassene Nahrungsmittel Sie zu sich nehmen, desto größer ist die Wahrscheinlichkeit, dass Sie langfristig keinen Zucker mehr mögen.

## 7. Essen Sie gute Fette

Pflanzliches Fett ist besser als tierisches Fett, flüssiges Fett besser als festes. Ähnlich wie bei den Kohlenhydraten gilt es, die richtigen Fette aufzunehmen. Fettfrei leben ist nicht empfehlenswert. Fette sind lebenswichtig. Vegetarisches Fett ist stoffwechselaktiver als tierisches Fett. Somit fällt Ihnen bei häufiger Verwendung von pflanzlichem Fett eine Gewichtsabnahme leichter. Fett an sich hat keine Auswirkungen auf Ihren Blutzuckerspiegel. Fett enthält jedoch sehr viele Kalorien. Eine Gewichtsabnahme wird unmöglich sein, wenn Sie übermäßig viel Fett essen. Alle folgenden Produkte enthalten Fett. Ich habe die Fette so angeordnet, dass das gesündeste Fett oben steht und das schädlichste unten. Ein gutes Olivenöl sollte Ihnen mindestens so viel wert sein wie die gleiche Menge Motoröl für Ihr Auto. 8 € pro Liter Olivenöl sind nicht zu teuer.

*Eine Gewichtsabnahme wird unmöglich sein, wenn Sie übermäßig viel Fett essen.*

| | |
|---|---|
| Oft benutzen: | Olivenöl, Rapsöl, Nüsse, Avocado, Hering, Makrele, Lachs |
| Benutzen: | Lein-, Soja-, Weizenkeim-, Sonnenblumen-, Distel-, Kürbiskernöl |
| Vermeiden: | Fleisch, Wurst, Käse, Schmand, Sahne, Butter, Chips, Margarine, Fertignahrung, Frittiertes |

Unterschätzen Sie nicht die negativen Wirkungen durch ungeeignete Fette. Besonders ungesund sind gehärtete Öle und Transfettsäuren. Wenn Sie gehärtete Fette oder Öle zu sich nehmen, schaden Sie langfristig Ihrer Gesundheit, auch wenn die Speisen appetitlich aussehen. Die Fetthärtung wurde vor über 100 Jahren erfunden. Plötzlich waren flüssige Pflanzenöle streichfähig und zudem lange haltbar. Der Siegeszug der Margarine begann. Doch wenn diese Fette erhitzt werden, entstehen künstliche Transfettsäuren – und die schaden Ihrer Gesundheit. Butter ist gesünder als Margarine, Olivenöl gesünder als Butter.

### 8. Achten Sie auf gute Kohlenhydrate

Gute Kohlenhydrate werden langsam in Ihren Darm aufgenommen. Somit dauert es länger, bis die Kohlenhydrate über die Leber in Ihr Blut gelangen. Positive Wirkung: Ihr Blutzucker steigt nicht so schnell und stark an. Diabetiker erzielen mit guten Kohlenhydraten denselben Effekt wie mit einigen Medikamenten. Der Fachausdruck für die Qualität der Kohlenhydrate heißt „glykämischer Index". Gesunde Kohlenhydrate haben einen niedrigen glykämischen Index. Ein gutes Beispiel sind Bratkartoffeln. Sie besitzen einen glykämischen Index von 95, Pellkartoffeln hingegen von 65. Das liegt daran, dass die Kartoffel viele Kohlenhydrate enthält. Diese sind chemisch zu langen Ketten verbunden, sodass der Darm relativ lange daran zu knabbern hat, bis die Kohlenhydrate aufgespalten und in die Leber transportiert werden, um anschließend ins Blut zu gelangen. Wird die Kartoffel beim Braten oder in der Fritteuse sehr stark erhitzt, wird die lange Kette der Kohlenhydrate schon in der Kartoffel zerschlagen. Die Kohlenhydrate liegen kurzkettig vor und entsprechen somit fast Haushaltszucker. Deshalb steigt auch der glykämische Index der Bratkartoffel an.

*Wissenschaftler bestimmen die Auswirkung eines Lebensmittels auf den Blutzuckerspiegel mit dem glykämischen Index.*

**Wissenswertes über den glykämischen Index**

Wissenschaftler bestimmen die Auswirkung eines Lebensmittels auf den Blutzuckerspiegel mit dem glykämischen Index. Traubenzucker hat einen glykämischen Index von 100, dieser Wert dient als Referenz. Alle Nahrungsmittel werden in Relation zu Traubenzucker gesetzt. Je höher der Wert, desto stärker lässt das Lebensmittel Ihren Blutzucker ansteigen.

**Glykämischer Index verschiedener Lebensmittel:**

| Bier (Export) | 110 | Ananas | 65 |
|---|---|---|---|
| Traubenzucker | 100 | Pellkartoffeln | 65 |
| Kartoffelchips | 95 | Vollkornreis | 55 |
| Bratkartoffeln | 95 | trockener Wein | 55 |
| Weißbrot | 95 | Vollkornbrot | 45 |
| Limonade | 95 | Apfel | 36 |
| Cola | 90 | Linsen | 28 |
| Pommes frites | 90 | Zwiebeln | 15 |
| weißer Reis | 90 | Erdnüsse | 15 |
| Ketchup | 70 | Wasser | 0 |
| Schokolade | 70 | | |

Der glykämische Index ist hinlänglich bekannt. Doch in Wirklichkeit dreht sich bei der Berechnung Ihrer Zucker-Toleranz alles um einen anderen Parameter: die glykämische Ladung. Dabei handelt es sich um das Produkt aus dem glykämischen Index und der Menge des Lebensmittels.

**Beispiel 1:** 10 Gramm Bratkartoffeln belasten Ihren Zuckerhaushalt nicht so stark wie 2 Kilogramm Äpfel. Das lässt sich gut mit Alkohol vergleichen. Der prozentuale Alkoholgehalt entspricht dem glykämischen Index, und die absolute Alkoholmenge entspricht der glykämischen Ladung.

**Beispiel 2:** Sie trinken ein Gläschen Schnaps mit 52 % Alkohol und ein Leicht-Bier mit 2 % Alkohol. Auf den ersten Blick macht Sie der Schnaps betrunkener, doch es kommt auf die gesamte Menge an Alkohol an, die Sie trinken. Wenn Sie am Schnaps nur nippen, sind Sie nicht so angeheitert, wie wenn Sie zehn Flaschen Leicht-Bier intus haben.

**Diese Kohlenhydrate sollten Sie bevorzugt zu sich nehmen:**
- Vollkornmehl
- Vollkornbrot, Vollkornpizza
- Salzkartoffeln, Pellkartoffeln
- Vollkornreis, Vollkornnudeln, Quinoa
- frisches Obst

**Diese Kohlenhydrate sollten Sie nicht zu sich nehmen:**

| |
|---|
| Zucker, Puderzucker, Honig, Agavendicksaft, Ahornsirup, alle beigefügte Süße |
| weißes Mehl, Auszugsmehl |
| Weißbrot, Baguette, Pizzateig, Brötchen, Semmel |
| Bratkartoffeln, Pommes frites, Kroketten, Rösti, Chips, Flips |
| weißen Reis, Nudeln |
| Kuchen, Schokolade, Eis, Marmelade, Nussnougatcreme |
| Ketchup |
| Kompott |

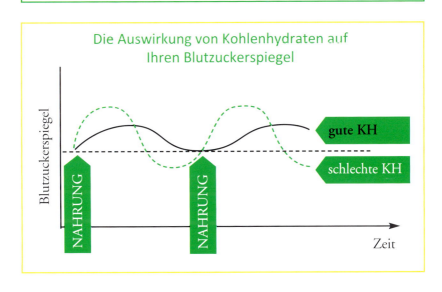

## 9. Essen Sie keine Chemie

Im Supermarkt schlummern in fast allen vorgefertigten Lebensmitteln die Chemikalien aus den sechs großen Gruppen: Geschmacksverstärker, Süßstoffe, Antioxidationsmittel, Farbstoffe, Aromen und Konservierungsstoffe. All diese Stoffe beeinflussen Ihr Geschmacksempfinden. Wenn Sie wirklich planen, allen Zucker wegzulassen, werfen Sie einfach die Chemie aus Ihrer Nahrung raus. Nur ohne Zucker und Chemie lernen Sie wirklichen Genuss kennen.

**Geschmacksverstärker**

Die wichtigste Frage vorweg: Warum müssen Sie den Geschmack verstärken? Doch nur, weil das Essen sonst nicht schmeckt. In fast jeder industriell gefertigten Nahrung finden Sie Geschmacksverstärker. So können die Hersteller billigere Zutaten verwenden. Ihnen schmeckt es dank Geschmacksverstärker trotzdem, und die Firmen erzielen einen höheren Gewinn. Der bekannteste Geschmacksverstärker ist das Glutamat, auch Mononatriumglutamat genannt. Weitere Geschmacksverstärker sind Hefeextrakt, Aroma, Würze, Würzstoff, Würzmittel und Trockenmilcherzeugnisse. Auch hinter den Nummern E620, E621, E623, E624 und E625 verstecken sich Geschmacksverstärker. Leider ist es den Herstellern erlaubt, vorne auf der Packung in fetten Buchstaben mit „Ohne Zusatz von künstlichen Geschmacksverstärkern" zu werben. Im Kleingedruckten finden Sie dann trotzdem als Zusatz zum Beispiel Hefeextrakt, denn der gilt als natürlicher Geschmacksverstärker.

*Im Kleingedruckten find. Sie dann trotzdem als Zu. zum Beispiel Hefeextrakt*

**In diesen Produkten finden Sie fast immer Geschmacksverstärker:**
- Fertigsuppen und -soßen
- Knabbereien wie Chips und Erdnüsse, vor allem „pikant gewürzt"
- Döner, Gyros und Soßen im Imbiss
- Knackwürstchen
- Brühwürfel und Würze
- Fertigmenüs und -gerichte in Dosen

## Süßstoffe

Die relativ teuren Süßstoffe werden in der Schweinemast statt des billigeren Zuckers eingesetzt. Das tun die Schweinezüchter mit Sicherheit nicht, damit die Schweine Gewicht abnehmen. Medizinische Studien, an denen über 75.000 Frauen teilnahmen, zeigten, dass diejenigen Frauen zunahmen, die Süßstoffe benutzten (Stellman, Garfinkel: Artificial sweetener use and one-year weight change among women). Es gibt Süßstoffe, die zigtausendmal süßer sind als normaler Zucker. Wie soll unser Körper mit solchen Chemie-Bomben klarkommen? Die wichtigsten Süßstoffe sind Saccharin, Cyclamat, Aspartam und Acesulfam. Für Sie ist es wichtig, dass Sie Ihre Sucht auf Süßes ablegen. Vermeiden Sie deshalb Süßstoffe. Ist Ihre Ernährung umgestellt, reicht Ihnen die normale Süße von Obst völlig aus. Sie werden ebenso glücklich sein wie zuvor – nur mit weniger Zucker und Süßstoffen.

*Für Sie ist es wichtig, dass Sie Ihre Sucht auf Süßes ablegen.*

**In diesen Produkten finden Sie Süßstoffe:**
- Light-Produkte
- Produkte, die als „zuckerfrei" beworben werden
- Diabetiker-Produkte
- Streusüße
- Produkte, die „mit Süßungsmittel" gekennzeichnet sind

## Antioxidationsmittel

Wenn Sie einen aufgeschnittenen Apfel mit Zitronensaft beträufeln, wird der Apfel nicht so schnell braun. Der Apfel oxidiert nicht so schnell mit dem Sauerstoff in der Luft. Der Zitronensaft wirkt als natürliches Antioxidationsmittel. In der Lebensmittelindustrie werden sehr häufig künstliche Antioxidationsmittel eingesetzt. Besonders fetthaltige Lebensmittel oxidieren schnell und enthalten oft Antioxidationsmittel. Künstlich hergestellte Antioxidationsmittel können bei einigen Menschen eine Allergie auslösen. Wenn ein Antioxidationsmittel in einem Lebensmittel enthalten ist, muss es immer als solches auf der Zutatenliste stehen.

**In diesen Produkten finden Sie Antioxidationsmittel:**
- Kaugummis
- Öle
- Fette
- Backmischungen
- Tütensuppen
- Knabbereien

**Farbstoffe**

Wie der Name sagt, sollen Farbstoffe Nahrungsmittel einfärben. Farbstoffe machen die Margarine orange, den Käse gelb und manche Produkte für Kinder absurd bunt. Es gibt künstliche und natürliche Farbstoffe. Die naturidentischen Farbstoffe sind ebenfalls künstlich, entsprechen aber chemisch dem Original. Einige Farbstoffe können bei Kindern das sogenannte ADHS-Syndrom auslösen (Aufmerksamkeitsdefizit-/Hyperaktivitäts-Syndrom, eine Verhaltensstörung). Diese müssen auf der Verpackung mit dem Zusatz „Kann Aktivität und Aufmerksamkeit bei Kindern beeinträchtigen" versehen sein. Ich bitte Sie, Ihren Kindern solche Produkte nicht zum Naschen zu geben. Insgesamt zeigt einer von 10.000 Konsumenten nach dem Verzehr von Farbstoffen Symptome wie Hautrötungen oder Atembeschwerden. Farbstoffe finden Sie heutzutage in fast allen industriell hergestellten Nahrungsmitteln. Es gibt ungefähr 40 verschiedene zugelassene Farbstoffe. Von jedem Farbstoff existiert eine zugelassene Tageshöchstdosis, die Sie verzehren dürfen. Ganz genau weiß aber niemand, wie die Farbstoffe in der Langzeitbeobachtung wirken.

*Das große Problem beim Zuckerverzehr ist, dass unser Körper keine Obergrenze dafür kennt.*

**Aromen**

Es gibt über 2.500 verschiedene Aromen. Sie werden verwendet, um Geld zu sparen. Aromen regen Sie dazu an, über Ihren Appetit zu essen. Das führt zu einer Gewichtserhöhung: Sie werden dicker. Aromen führen zu einer Verschiebung Ihres Geschmacksempfindens, und das hat fatale Folgen, denn natürliche Nahrungsmittel schmecken plötzlich fad und langweilig. Das stellt besonders für Kinder ein Problem dar, da die Kinder den Geschmack für ihr ganzes Leben „erlernen". Wenn Aromen die Früchte ersetzen, fehlen die Vitamine und Vitalstoffe aus den frischen Früchten. Aromen werden heute sehr oft gentechnisch hergestellt. Bakterien stellen die Aromen her, die wir aus der Natur von Früchten kennen.

### Konservierungsstoffe

Konservierungsstoffe verlangsamen den Verderb von Nahrungsmitteln, indem sie das Wachstum von Schimmelpilzen und Bakterien behindern. Das Lebensmittel kann länger verkauft werden. Es gibt Mittel und Wege, ein zugegebenes Konservierungsmittel nicht in der Zutatenliste anzugeben. Wenn ein Konservierungsstoff zugegeben wird, der gleichzeitig ein Aroma ist, braucht er nicht als solcher deklariert zu werden. Oder das Konservierungsmittel steckt schon in zuvor konservierten Zutaten. Einige Konservierungsstoffe sind: Benzoesäure, Biphenyl, Borsäure, Calciumbenzoat, Calciumbisulfit, Calciumdisulfit, Kaliumnitrat, Kaliumnitrit und Schwefeldioxid. Es besteht keine hundertprozentige Sicherheit, wie sich die Konservierungsstoffe auf lange Sicht im menschlichen Körper verhalten. Vor allem kann niemand die Wechselwirkungen mit anderen Stoffen einschätzen. Einige Konservierungsstoffe sind erst nach jahrelanger Zulassung wieder verboten worden. Thiabendazol galt früher als Konservierungsstoff, heute ist es nur noch als Pestizid zugelassen. Ameisensäure wurde ebenfalls verboten.

*Wenn ein Konservierungsstoff zugegeben wird, der gleichzeitig ein Aroma ist, braucht er nicht als solcher deklariert zu werden.*

**In diesen Produkten finden Sie Konservierungsstoffe:**
- Limonaden, Fruchtsaftgetränke
- Fischprodukte aller Art
- Schnittbrot, Backwaren
- Margarine
- Trockenfrüchte
- Zitrusfrüchte

- Trockengemüse
- Salate
- Salatsoßen

## Ganz oder gar nicht: Alles auf einmal

Bei manchen Menschen funktioniert die „radikale Variante" am besten. Das bedeutet: alles auf einmal und sofort – oder wenn nicht alle Schritte, dann wenigstens einen großen Teil der Schritte auf einmal.

Die Motivation für eine solch große Verhaltensänderung entsteht oft durch eine Krankheitsdiagnose oder andere Umbrüche wie zum Beispiel eine Trennung. In solchen Momenten besteht der Wunsch nach einer Neuorientierung oder einer größeren Verhaltensänderung. Wer nach Veränderung strebt, hat in diesen Momenten gute Chancen.

Die Motivation kann sich auch aus einer Kur oder einem Urlaub heraus entwickeln. Vielleicht haben Sie sich dort besonders bewusst und gesund ernährt, haben gefastet und möchten die positiven Effekte für Ihre Ernährungsumstellung zu Hause im Alltag nutzen. Möglicherweise gehören Sie zu den Menschen, die gerne radikale Veränderungen vornehmen (und auch durchhalten) – ganz nach dem Motto „wenn schon, denn schon". Wenn das der Fall ist, ist diese Variante geeignet für Sie.

*Wichtig dabei ist: Wenn Sie mehrere Schritte gleichzeitig umsetzen, nehmen Sie sich ausreichend Zeit.*

Wichtig dabei ist: Wenn Sie mehrere Schritte gleichzeitig umsetzen (oder sogar alle), nehmen Sie sich ausreichend Zeit. Oft unterschätzt man, wie viel Zeit und gedankliche Beschäftigung benötigt werden, um die eigene Verhaltensweise umzustellen. Machen Sie sich klar, dass Sie Zeit benötigen, um Lösungen für Ihre Alltagssituationen zu entwickeln, in denen Sie in Zukunft anders essen möchten. Sie benötigen anfangs mehr Planungszeit, um Einkäufe zu überlegen. Zeit, sich mit ungewohnten Lebensmitteln zu beschäftigen. Zeit, neue Rezepte auszuprobieren, Snacks fürs Büro vorzubereiten usw. Die besten Erfolgsaussichten bei dieser radikalen Variante haben Sie, wenn Sie dafür sorgen, dass Sie relativ entspannt sind – mit weniger Terminen und mehr Zeit für sich. Vielleicht können Sie an einem langen Wochenende mit der Umstellung beginnen, oder Sie nehmen sich ein paar Tage Urlaub für den Neustart.

## Lassen Sie Ihr Bauchgefühl entscheiden!

Vielleicht haben Sie schon beim Lesen der Vorschläge gemerkt, dass einige Schritte in Ihnen eher Ablehnung oder Widerwillen auslösen – und andere Schritte vielleicht ganz interessant klingen oder sogar Lust machen. Wenn Sie eine Entscheidung treffen wollen, empfehle ich Ihnen unbedingt, auch auf Ihr „Bauchgefühl" zu hören. Erinnern Sie sich an das Kapitel über Wunschziele: Wenn Sie den „Bauch" nicht berücksichtigen, haben Sie keine Chance auf eine dauerhafte Veränderung.

Lehnen Sie sich also entspannt zurück, und gehen Sie in Ruhe noch mal die möglichen Schritte durch. Lassen Sie Ihr Bauchgefühl entscheiden, indem Sie ein Smiley hinter die Punkte setzen, mit denen Ihr Bauchgefühl einverstanden ist:

| Schritt | ☺ |
|---|---|
| 0. Nehmen Sie sich gar keine Veränderung bewusst vor. | |
| 1. Ersetzen Sie zuckerhaltige Getränke durch Krautertee und Mineralwasser. | |
| 2. Trinken Sie Kaffee und Tee ohne Zucker. | |
| 3. Schlemmen Sie natursüße Nachtische statt Zucker-Bomben. | |
| 4. Ersetzen Sie Schokolade und andere Süßigkeiten durch gesunde salzige oder natursüße Snacks. | |
| 5. Essen Sie natursüßes Gebäck. | |
| 6. Vermeiden Sie versteckten Zucker. | |
| 7. Essen Sie „gesunde" Fette. | |
| 8. Achten Sie auf „gute" Kohlenhydrate. | |
| 9. Essen Sie keine Chemie. | |

## Exkurs: Bewegung macht es Ihnen leichter

„No sports!" Dieses legendäre Zitat von Winston Churchill ist ebenso spaßig wie falsch. Wussten Sie, dass Winston Churchill im Alter ein wirklich kranker Mensch war? Hätte er Sport betrieben, wäre er an seinem Lebensende wahrscheinlich gesünder und fitter gewesen. Doch mit dem Sport ist das so eine Sache. Haben Sie zum Beispiel Diabetes und möchten Sie mit Sport Ihre Blutwerte verbessern, können Ihre körperlichen Aktivitäten zunächst das Gegenteil bewirken. Wenn Sie ein eher unsportlicher Typ sind, losziehen und 30 Minuten joggen, wird folgender Effekt eintreten: Die ungewohnte sportliche Belastung ist für Ihren Körper Stress. Ihr Körper schüttet Stresshormone aus. Und die Stresshormone lassen Ihren Blutzucker steigen.

Ausdauersport hingegen ist eine Wunderwaffe im Kampf gegen Krankheiten. Denn mit der Zeit gewöhnt sich Ihr Körper an Sport und schüttet keine Stresshormone mehr aus. Bewegung hilft gegen Diabetes Typ II mehr als die meisten Medikamente. Sie müssen sich jedoch ganz langsam und behutsam in Ihre sportliche Betätigung „reinarbeiten".

### Ausdauersport versus Appetit

Ein anderes Problem mit Sport: Ausdauersport macht immer Appetit. Es ist unter Hobbysportlern kein Geheimnis, dass sie zu Saisonbeginn eher zunehmen. Und das gilt, obwohl sie nach der langen Winterpause wieder aktiv werden. Warum ist das so? Zur appetitanregenden Wirkung der Bewegung kommt noch der appetitanregende Abfall Ihrer Körpertemperatur in der Kälte hinzu, und Sie bekommen Hunger. Sie essen eine doppelte Portion nach dem Training und merken es nicht einmal. Und schon haben Sie zugenommen. Gut geeignet sind Pulsuhren, die genau anzeigen, wie viele Kalorien Sie bei einem Training verbrauchen. So haben Sie Ihr Gewicht besser unter Kontrolle. Je nach Ernährung kann es also trotz Sport zu einer Gewichtszunahme kommen. Sie essen ein bisschen mehr – und schon reicht das Gleichgewicht zwischen Sport und Kalorienaufnahme nicht mehr aus. Versuchen Sie deshalb nicht extra viel zu essen.

## Hier sind die 3 besten Sport-Tipps für Sie:

### 1. Warten Sie ab, bis Ihr Körper Sport machen möchte

Treiben Sie zu Beginn Ihrer Ernährungsumstellung nicht extra Sport. Wenn Sie zuvor schon sportlich aktiv waren, bleiben Sie das weiterhin. Ansonsten belassen Sie alles beim Alten. Sobald Sie ein bisschen Gewicht verloren haben (oder generell auf Zucker verzichten), wird sich in Ihnen ein großer Wunsch nach körperlicher Betätigung regen. Ihr Körper selbst – Ihre Muskeln – werden sozusagen zu Ihnen sprechen: „Wir werden nicht mehr mit Zucker betäubt, uns wird langweilig, lass uns jetzt bewegen."

Jeder Mensch treibt gerne Sport. Sie können Ihr Verlangen nach Sport jedoch mit falscher Ernährung völlig zum Erliegen bringen. Natürlich gehen Sie nicht mehr vor die Tür in den Park zum Joggen, wenn Sie sich gerade eine doppelte Pommes mit Currywurst, eine Tüte Chips und zwei Flaschen Bier einverleibt haben. Doch schauen Sie mal in einem Kindergarten den Kindern beim Spielen zu. Sie werden unter 100 Kindern höchstens eines finden, das griesgrämig in der Ecke sitzt und nichts tut. Die anderen 99 Kinder toben und schreien herum. Werden die Menschen älter und ernähren sie sich durchgehend falsch, dreht sich dieses Verhältnis ins Gegenteil um. Nur noch eine Person von 100 ist schlank geblieben und kann sich gut bewegen.

### 2. Wenn Sie Ausdauersport betreiben wollen, trainieren Sie nach der folgenden Regel ...

Bewegen Sie sich mindestens 30 Minuten am Stück, und lassen Sie beim Training konsequent Ihren Mund zu. Atmen Sie durch die Nase. Lassen Sie sich durch Ihre Umwelt nicht irritieren. Denn Sie werden so langsam unterwegs sein, das jeder Sie überholen wird.

Denken Sie daran: Ihr Training ist kein Wettkampf. Auch wenn Sie schneller sein könnten, liegt die Kunst darin, extra langsam zu machen. Wenn Sie gar keine sportliche Betätigung gewohnt sind, müssen Sie Ihr Training ganz behutsam steigern. Gehen Sie dabei folgendermaßen vor:

Eine Woche lang gehen Sie jeden zweiten Tag vor die Tür. Joggen Sie eine Minute, und machen Sie zwei Minuten Pause. Diesen Zyklus wiederholen Sie so lange, wie Sie möchten. In der zweiten Woche versuchen Sie fünf Minuten zu joggen und eine Minute Pause zu machen. In der dritten Woche versuchen Sie es mit zehn Minuten Jogging und einer Minute Pause. In der vierten Woche machen Sie komplett Pause. Gönnen Sie Ihrem Körper eine Phase kompletter Regeneration.

Dieses Trainingsschema wenden Sie an, bis Sie den Leistungsstand erreicht haben, mit dem Sie glücklich sind. Natürlich könnten Sie von Anfang an wesentlich härter trainieren – vor allem Männer begehen diesen Fehler. Bitte bedenken Sie, dass zu intensives Training für Ihre Gesundheit kontraproduktiv ist. Tipp: Mit einer Pulsuhr können Sie alles langsam und gemächlich angehen lassen.

„Warum bist du heute so langsam?" – „Ich trainiere doch Grundlagen-Ausdauer! Meine Pulsuhr zeigt mir das an."

Der gesundheitsförderliche Bereich Ihres Grundlagen-Ausdauer-Trainings liegt bei maximal 70 % Ihres maximal möglichen Herzschlags. Und der wiederum berechnet sich nach der einfachen Formel:

> maximaler Herzschlag = 220 minus Lebensalter

Wenn Sie also 75 Jahre alt sind, ist Ihr maximal möglicher Herzschlag 145 Schläge in der Minute. Sie sollten also mit 70 % von 145 Schlägen = 101 Herzschlägen pro Minute trainieren.

### 3. Krafttraining hingegen betreiben Sie kurz, aber hart

Wenn Sie Muskeln aufbauen wollen, müssen Sie Krafttraining betreiben. Machen Sie Liegestütze an der Wand oder auf einem Tisch. Betreiben Sie viele andere Übungen, die Sie mit Ihrem eigenen Körpergewicht ausführen können. Sie brauchen kein teures Equipment, um Krafttraining auszuüben. Es geht auch ohne den Besuch im Bodybuilding-Studio.

Jede einzelne Übung führen Sie nach folgender Regel durch: Machen Sie so viele Wiederholungen, bis Sie merken, dass Sie die nächste Wiederholung nicht mehr schaffen würden. Dann hören Sie einfach auf. Es bringt nichts, das ganze Spiel mehrmals zu wiederholen. Wählen Sie die Belastung nicht zu schwach, aber auch nicht zu stark. Wenn Sie also Liegestütze an der Wand oder auf dem Tisch machen wollen, sollten Sie 8 bis 15 echte Liegestütze schaffen. Solch ein Training wird hoch intensives Training (HIT) genannt. Es hat den angenehmen Nebeneffekt, dass Ihre belasteten Muskeln noch ein bis zwei Tage Energie (also Kalorien) verbrennen – mit positiven Folgen: Sie werden schlank.

# Einkaufstipps und Vorratshaltung

## Vermeiden Sie Versuchungen

Bevor Sie mit Ihrer Ernährungsumstellung starten, inspizieren Sie Ihren Vorratsschrank und räumen alles aus, was Sie in Zukunft nicht mehr essen möchten.

### Sorgen Sie dafür, dass Sie jederzeit Alternativen zu Zucker-Snacks und Süßigkeiten zur Hand haben

Machen Sie sich eine Einkaufsliste, was Sie als Vorratshaltung auf jeden Fall im Haus haben möchten. Überlegen Sie, was Sie sich für unterwegs mitnehmen möchten (zur Arbeit, bei Einladungen usw.). Eventuell lohnt sich ein kleiner Vorrat an Snacks und Zwischenmahlzeiten auf Ihrer Arbeitsstelle. Rechnen Sie damit, dass Sie am Anfang etwas mehr Zeit zum Einkaufen benötigen, um herauszufinden, wo Sie natursüße Lebensmittel bekommen (z.B. Müsli ohne Zuckerzusätze). Machen Sie am besten einmal in der Woche einen Großeinkauf, und besorgen Sie alle gesunden Lebensmittel, die Sie auf Vorrat brauchen. So sind Sie für die ersten Kämpfe gegen die süßen „Verführer" gewappnet. Suchen Sie sich aus der Vorratsliste sowie aus dem nachfolgenden Rezeptteil die Lebensmittel beziehungsweise Rezepte aus, auf die Sie Lust haben und die Sie ausprobieren möchten.

**Vorratsliste**
- Obst: Kaufen Sie Äpfel und Birnen auf Vorrat. Beides hält sich etwa eine Woche. Einige Tage können Sie Bananen aufbewahren. Beeren wie Erdbeeren, Himbeeren, Brombeeren usw. müssen Sie am besten sofort oder am nächsten Tag verzehren.
- Naturjoghurt ohne Zusätze

**Für Snacks zwischendurch**
- Studentenfutter
- Nüsse nach Belieben– aber ungesalzen und ohne zusätzliches Fett

**Für Ihr Frühstück (oder auch als Zwischenmahlzeit)**
- Hafer- und/oder Hirseflocken
- Kokosflocken, Nüsse, Trockenfrüchte fürs Müsli
- fertige Müslimischung mit Getreideflocken, Nüssen und Trockenfrüchten (ohne weitere Zusätze)
- Vollkornbrot (Vollwertbrot aus 100 % Vollkornmehl gibt es im Bioladen oder Reformhaus, manchmal auch bei konventionellen Bäckern) – schmeckt gut und hält sich bis zu einer Woche
- Tomaten
- Avocado: Warten Sie ein paar Tage, bis sie weich ist. Dann können Sie sie durchschneiden und mit einem kleinen Löffel pur essen, mit Salz, Pfeffer oder Zitronensaft würzen oder einfach aufs Brot streichen.
- Nuss-Mus (am besten ganz ohne Zusätze wählen. Manchmal ist ein wenig Salz enthalten)
- Streichkäse

**Zum Verfeinern von Naturjoghurt-Nachtisch oder Maispudding**
- Zimt
- Kardamom, gemahlen
- Vanillepulver (Bourbon-Vanille)
- gehackte Mandeln
- Zitrone, unbehandelt (Zitronensaft oder abgeriebene Zitronenschale)

**Getränke**
- Kräutertees nach Belieben (ohne Aromastoffe)
- Mineralwasser
  **zur Abwechslung:**
- Buttermilch (schmeckt auch mit ein paar Tropfen Saft gemischt)

# Arbeitsblätter „Testphase" und „Bilanz ziehen"

Schreiben Sie auf, für welche Schritte Sie sich entscheiden und wie lange Sie sie ausprobieren möchten. Die Erfolge schriftlich festzuhalten, erhöht die Motivation und macht es Ihnen leichter, Bilanz zu ziehen und die Fortschritte wahrzunehmen.

## Testphase:

Datum:

Meine Schritte:

1. …

2. …

3. …

Was erhoffen Sie sich langfristig davon? Was wünschen Sie sich?

**Wie lange möchten Sie es zunächst ausprobieren (z.B. eine Woche oder zwei Wochen, vielleicht auch nur einen Tag)?**

**Womit möchten Sie sich nach Abschluss der Testphase belohnen?**

# Bilanz nach Abschluss der Testphase:

Datum:

Was hat gut funktioniert – zumindest ab und an?
Womit sind Sie zufrieden?

Gibt es schon jetzt kleine positive Veränderungen? Welche (z.B. in Bezug auf Stimmung, Gewicht, Vitalität, Erkältungsanfälligkeit, körperliches Wohlbefinden)?

Was hat nicht so funktioniert, wie Sie es sich vorgestellt hatten? Wie viele „Ehrenrunden" in alte Verhaltensmuster gab es?

Wie erklären Sie sich das? Welche Gründe gibt es dafür?

Welche Ideen haben Sie, wie Sie in Zukunft damit umgehen könnten?

Was möchten Sie in der nächsten Testphase ausprobieren?

Für wie lange?

Womit möchten Sie sich nach der nächsten Testphase belohnen?

# Schlussbetrachtung: Es geht nicht um Verzicht, sondern um einen neuen Genuss

Häufig ist das Thema „Zucker reduzieren" negativ besetzt – ganz einfach deshalb, weil es mit den Begriffen „Verzicht", „harte Disziplin" oder „Genussfeindlichkeit" assoziiert wird. Gerade deshalb ist der genussvolle Umgang mit Ihrer neuen Art von Ernährung so wichtig. Denn wenn Sie dauerhaft das Gefühl haben, Sie versagen sich etwas, werden Sie langfristig nicht durchhalten. Gestalten Sie Ihre Ernährungsumstellung deshalb so genussvoll wie möglich. Einige Tipps dazu haben Sie bereits in den vorangegangenen Kapiteln bekommen. Lesen Sie in der Zusammenfassung noch mal die wichtigsten Vorschläge, was Sie sich alles erlauben können.

| **Die 10 Erlaubnisse** |
| --- |
| 1. Essen Sie regelmäßig dreimal am Tag. |
| 2. Essen Sie bei jeder Mahlzeit solange, bis Sie angenehm gesättigt sind. |
| 3. Falls Sie zwischendurch Hunger bekommen, erlauben Sie sich kleine Zwischenmahlzeiten, z.B. Naturjoghurt mit Obst, etwas Müsli ohne Zusätze mit Joghurt, Studentenfutter, ein Vollkornbrot mit Tomate usw. Warten Sie nicht, bis der Heißhunger zu groß wird. |
| 4. Nehmen Sie wahr, wie sich mit der Zeit Ihr Geschmackssinn verfeinert, wenn Sie Zucker reduzieren. Genießen Sie den natürlichen Geschmack sowie die natürliche „Süße" von Obst, Gemüse und Getreide. Nach einer kurzer Umgewöhnungszeit wird es oft als mehr Genuss erlebt als die „Zucker-Bomben" vorher. |
| 5. Genießen Sie, dass Sie nicht über die Sattheitsschwelle essen müssen, wenn Sie natursüße Snacks oder Nachtische zu sich nehmen. Legen Sie nach dem Verzehr eine Hand auf den Bauch, und nehmen Sie wahr, wie angenehm es sich dort anfühlt, wenn Sie etwas Natursüßes gegessen haben. |

6. Lassen Sie sich Zeit zum Essen – genießen Sie in Ruhe und mit allen Sinnen.

7. Erweitern Sie die Geschmacksvielfalt beim Kochen und Backen nach Lust und Laune mit Kräutern und Gewürzen.

8. Bringen Sie mehr Genuss anderer Art in Ihr Leben. Nehmen Sie sich jeden Tag etwas vor, was Sie gerne machen: ein kurzer Spaziergang, ein Telefonat, ein Kinobesuch, was auch immer Ihnen guttut.

9. Entspannung ist Ihr bester Helfer bei der Umstellung Ihrer Ernährungsgewohnheiten. Gönnen Sie sich in der Umstellungsphase ausreichend Schlaf und Pausen.

10. Belohnen Sie sich, wenn Sie ein Etappenziel erreicht haben.

# Sportübungen
## Ihr 5-Minuten-Fitnessprogramm

Ich habe für Sie acht Übungen zusammengestellt, die ein gutes Training für Ihre Muskeln darstellen. Sie werden eine beachtliche Steigerung Ihres Wohlbefindens erreichen, wenn Sie diese Übungen zweimal in der Woche ausführen.

- Ich habe die Übungen für Menschen erstellt, die bislang keinen Sport treiben. Die Belastungen sind sehr gering gewählt.

- Als Ausrüstung benötigen Sie lediglich ein Gewicht. Ich habe daher für die Fotos eine Mineralwasserflasche aus Plastik gewählt. Sie können aber auch einen dicken Stein, einen Hammer oder eine Hantel nehmen. Wählen Sie das Gewicht nach Ihren Vorstellungen, es sollte aber nicht zu schwer sein.

- Ich habe die Fotos absichtlich mit mir als Fotomodell und in einem unspektakulären Ambiente aufgenommen. Ich möchte Ihnen zeigen, dass Sie als ganz normaler Mensch in Ihrer gewohnten Kleidung in Ihrem Wohnzimmer etwas für Ihre Fitness tun können. Sie brauchen kein teures Equipment.

- Ihr Zeitaufwand pro Woche liegt bei 10 Minuten. Diejenigen unter Ihnen, die sich intensiver mit diesem Thema beschäftigen wollen, sollten ins Internet schauen. Unter dem Stichwort „Bodyweight" finden Sie zahlreiche Informationen. Führen Sie alle Übungen ohne Hektik durch.

## 1. Aufwärmen: Hampelmann

*Springen Sie von dieser Haltung …*

*… in diese Haltung.*

*Zum Aufwärmen zählen Sie laut von 20 bis 70 und springen so schnell Sie mögen.*

## 2. Bauch: Sit-up

*Legen Sie sich auf den Rücken. Ihre Knie winkeln Sie an.*

*Dann heben Sie Ihren Oberkörper ganz wenig vom Boden ab und zurück. Wiederholen Sie die Übung zwölfmal.*

## 3. Rücken: Waage

*Knien Sie sich auf Ihre Hände und Füße.*

*Heben Sie den rechten Arm und das linke Bein in die Waagerechte. Anschließend kommen Sie zurück in die Ausgangsposition.*

*Gleiches tun Sie mit dem linken Arm und dem rechten Bein. Erst zwölfmal die eine Seite, dann die andere.*

## 4. Schultern

*Hocken Sie sich vor eine geöffnete stabile Tür, und ergreifen Sie mit beiden Händen die Türklinke.*

*Jetzt ziehen Sie Ihren Brustkorb so weit wie möglich an die Tür heran. Anschließend strecken Sie Ihre Arme wieder, sodass Sie in die Ausgangsposition zurückkommen.*

*Wiederholen Sie die Übung zwölfmal.*

## 5. Oberarm: Armbeuger

 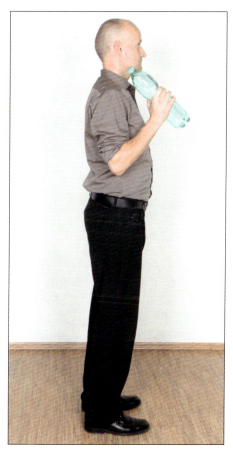

*Nehmen Sie das Gewicht in Ihre Hand, und lassen Sie den Arm hängen.*

*Dann heben Sie das Gewicht hoch. Sie knicken dazu allein im Ellbogen ein und wieder runter.*

*Trainieren Sie beide Arme. Mit zwei Gewichten können Sie dies gleichzeitig tun. Wiederholen Sie die Übung zwölfmal.*

## 6. Oberarm: Arm

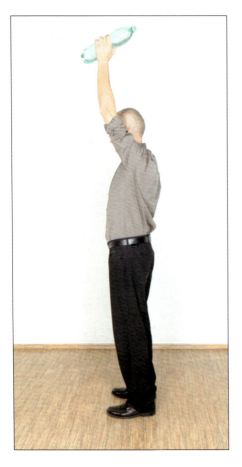 

*Strecken Sie den Arm mit dem Gewicht in der Hand gerade nach oben.*

*Nun knicken Sie im Ellbogen ein und lassen das Gewicht so weit wie möglich herab. Danach heben Sie das Gewicht zurück in die Ausgangsposition.*

*Trainieren Sie beide Arme, und wiederholen Sie die Übung zwölfmal.*

## 7. Brust: Stand-Liegestütz

*Stellen Sie sich mit waagerecht ausgestreckten Armen und etwas Abstand vor eine Wand.*

*Neigen Sie sich zur Wand, bis die Hände sie berühren. Lassen Sie Ihre Wirbelsäule dabei gestreckt.*

*Knicken Sie in den Ellbogen ein, bis Ihr Gesicht fast die Wand berührt. Dann drücken Sie sich zurück. Lassen Sie Ihren Rücken dabei gerade.*

*Wiederholen Sie die Übung zwölfmal.*

## 8. Dehnung: Krokodil

*Legen Sie sich flach auf den Rücken, die Arme abgestreckt, und die Knie angewinkelt.*

*Bewegen Sie nun ganz langsam den Kopf nach links und die Knie nach rechts.*

Diese Übung ist als „Krokodil" aus dem Yoga bekannt; sie dehnt Ihren ganzen Körper und sorgt für Entspannung.

Bei dieser Übung bewegen Sie sich sehr langsam und nur dreimal in jede Richtung. Beim letzten Mal verharren Sie drei tiefe langsame Atemzüge lang in der gedrehten Position. Danach wechseln Sie die Seite.

# Anhang: Rezeptteil

## Frühstück

### Das gesündeste Frühstück der Welt (2 Portionen)

Benutzen Sie 2 tiefe Teller oder 2 Müslischalen. Vermengen Sie in jedem Gefäß 5 Esslöffel Naturjoghurt und 60 Gramm Haferflocken. Geben Sie zerteiltes Obst nach Belieben hinzu (am besten ½ Apfel und ½ Banane). Fügen Sie 2 Esslöffel zerteiltes Trockenobst (Dörrpflaume, Rosinen, getrocknete Aprikosen), 2 Esslöffel gehackte Nüsse und 1 Teelöffel Leinöl hinzu. Rühren Sie alles gut durch. Noch besser wäre es, wenn Sie Haferkörner frisch mahlen oder quetschen würden. Hierzu benötigen Sie eine geeignete Mühle oder eine Küchenmaschine. Kaufen Sie sich keine teure Küchenmaschine zum Test, sondern nur wenn Sie ganz sicher sind, dass Sie zukünftig stets Müsli zum Frühstück essen möchten. Müsli ist sehr gesund, macht lange satt und senkt Ihren Blutzucker. Eine bekömmliche Abwandlung besteht darin, dass Sie die Haferflocken in etwas Wasser in einem Topf zum Aufkochen bringen. Dann wird aus dem Müsli ein Brei. Die Menschen im Mittelalter haben sich fast ausschließlich davon ernährt. Die Schotten kennen dieses Gericht nach wie vor als Porridge.

### Die schnellste Marmelade

Verquirlen Sie Erdbeeren mit einer Dattel und etwas Zitronensaft im Mixer. Variieren Sie die Mengen-Verhältnisse, bis Ihnen die Konsistenz gefällt. Testen Sie, ob Ihnen echte Vanille, Zimt oder Kakaopulver als Zusatz schmeckt. Diese leckere Marmelade hält sich etwa vier Tage lang im Kühlschrank, stellen Sie also nicht zu viel auf einmal davon her.

### Die leckerste Marmelade

Zerkleinern Sie 500 Gramm Ihrer Lieblings-Obstsorte. Fügen Sie ½ Apfel hinzu. Im Apfel steckt natürliches Pektin, das die Marmelade eindickt. Geben Sie alles mit einer Dattel in einen Topf. Fügen Sie etwas Wasser hinzu. Kochen Sie die Mixtur 10 Minuten lang. Quirlen Sie die Masse im Mixer. Geben Sie echte Vanille, Zimt oder Kakaopulver nach Geschmack hinzu. Füllen Sie Ihre Marmelade in ein ausgekochtes Schraubglas. Da Sie mit einer kurzen Kochzeit arbeiten und keinen Zucker verwenden, hält sich diese Marmelade maximal 14 Tage lang im Kühlschrank. Dadurch bleiben sehr viele Vitalstoffe erhalten. Und viel leckerer ist sie sowieso.

## Salate
### Rohkostvorspeise (2 Portionen)
Verzehren Sie vor jeder warmen Mahlzeit eine kleine Portion hochwertige vegetarische Rohkost. Sie können sich zum Beispiel einen kleinen vegetarischen Salat anrichten. Wichtig ist, dass Sie hierbei weder Schinken noch Käse oder Croutons benutzen. Das Dressing sollten Sie immer selbst herstellen, nur so kennen Sie die Inhaltsstoffe. Alternativ raspeln Sie 100 Gramm eines Gemüses zusammen mit ½ Apfel, 1 Teelöffel saurer Sahne, Salz, Pfeffer und etwas Zitronensaft. Vermischen Sie alles. Am besten geeignet sind dazu Rote Beete, Karotten und Sellerie. Wenn Sie immer eine Rohkostvorspeise essen, sorgen die pflanzlichen Anteile, dass Ihr Darm ein wenig länger braucht, die Kohlenhydrate aus der Nahrung aufzunehmen. Das führt zu einem langsameren Anstieg Ihres Blutzuckerspiegels. Es müssen keine großen Mengen an Rohkost sein, es genügt, einen kleinen, aber hochwertigen Salat zu essen.

### Der schnellste Salat der Welt (2 Portionen)
Schneiden Sie eine Packung mit Oliven-Tofu in sehr kleine Würfel und zwei Tomaten in kleine Würfel. Oliven-Tofu bekommen Sie im Bio-Laden oder Bio-Supermarkt.

### Bohnensalat Tricolore (2 Portionen)
Kochen Sie 300 Gramm grüne Prinzessbohnen in Salzwasser etwa 15 Minuten lang gar. Lassen Sie währenddessen 250 Gramm über Nacht eingeweichte große weiße Bohnen abtropfen, und schneiden Sie eine Frühlingszwiebel in dünne Ringe. Halbieren Sie 150 Gramm Cocktailtomaten, und schneiden Sie 50 Gramm entkernte schwarze Oliven in kleine Stücke.

Die fertig gekochten Bohnen schrecken Sie in kaltem Wasser ab. Vermengen Sie alle Zutaten in einer Schüssel, und geben Sie eine Salatsoße darüber. Entweder die klassische Essig-Öl-Vinaigrette, oder Sie mischen einen Teelöffel grobkörnigen Senf und 2 Teelöffel Essig in 1 Glas und verrühren beides. Geben Sie unter Umrühren Öl nach Belieben hinzu.

## Hauptgerichte

### Pizza ohne Mehl (1 Pizza)

Zerhacken Sie einen Blumenkohl in der Küchenmaschine in winzige Stückchen (entfernen Sie vorher den Strunk). Trocknen Sie die Blumenkohl-Masse auf einem Backblech im Backofen 10 Minuten bei 200 Grad. Vermengen Sie den wieder abgekühlten Blumenkohl mit 5 Eiern, 5 Esslöffel Kokosmehl, 3 Esslöffel gemahlenen Mandeln, 1 Teelöffel Oregano und 1 Prise Salz. Diesen Blumenkohl-Teig geben Sie auf ein eingeöltes Backblech. Bemühen Sie sich, den Teig ganz dünn auszurollen – je dünner, desto knuspriger. Den Rand Ihrer Pizza streichen Sie mit Olivenöl ein, sonst brennt er an. Backen Sie den Teig etwa 20 Minuten vor, er soll ganz leicht gebräunt werden. Nehmen Sie die Pizza aus dem Ofen. Ab jetzt können Sie ihn wie einen Fertig-Pizza-Teig aus dem Supermarkt verwenden. Für den Belag sind Ihrer Fantasie keine Grenzen gesetzt. Mit dem Belag muss die Pizza noch weitere 5 Minuten bei 200 Grad fertig gebacken werden.

### Asiatisches Omelette (4 Portionen)

Schälen Sie 2 Süßkartoffeln, und schneiden Sie diese in kleine Würfel. Würfeln Sie 1 kleine Paprikaschote. Schneiden Sie 2 Frühlingszwiebeln und 1 Stange Zitronengras in feine Ringe. In einer großen Pfanne schmelzen Sie 1 Teelöffel Ghee und dünsten das Gemüse darin 5 Minuten an. Geben Sie zu Beginn 250 Gramm Bambussprossen hinzu. Nehmen Sie die Pfanne vom Herd. Geben Sie 8 Eier und etwas Limettensaft hinzu. Würzen Sie mit Salz, Pfeffer und Korianderpulver. Verquirlen Sie alles, und lassen Sie es 3 Minuten auf kleiner Flamme köcheln. Anschließend kommt alles ca. 10 Minuten lang bei 180 Grad in den Backofen.

### Das hübsche Spiegelei (1 Portion)

Fetten Sie eine kleine Tasse ein. Legen Sie die Tasse mit Schinken aus. Geben Sie etwas kleingeschnittene Tomaten und Champignons hinein. Obenauf kommt 1 rohes Ei. Das Eigelb sollte heil bleiben. Würzen Sie nach Belieben. Geben Sie die Tasse 15 Minuten lang bei 180 Grad in den Ofen. Stürzen Sie zum Verzehr das Spiegelei aus der Tasse und drehen es wieder richtig herum.

### Frikadellen mal anders (4 Portionen)

Hacken Sie 1 Zwiebel, 400 Gramm Süßkartoffeln, 400 Gramm Champignons und 2 Knoblauchzehen im Mixer ganz fein. Vermengen Sie alles mit 500 Gramm Rinder-Hackfleisch. Geben Sie einen ordentlichen Schuss Tomatenmark hinzu. Salzen und pfeffern Sie nach Belieben. Wenn Sie mögen, geben Sie frischen Koriander hinzu. Braten Sie die Frikadellen in einer großen Pfanne knusprig. Benutzen Sie Kokosöl dazu. Das Braten dauert etwa 8 Minuten pro Seite. Es bildet sich relativ viel Wasser; entfernen Sie es von Zeit zu Zeit, so bildet sich eine leckere Kruste.

## Sättigungsbeilagen

In Deutschland bestehen die klassischen Sättigungsbeilagen fast immer aus schlechten Kohlenhydraten (Pommes frites, Kroketten, Bratkartoffeln, weiße Nudeln oder weißer Reis). Sie wollen nur gute Kohlenhydrate essen, um Ihren Blutzucker in geordneten Bahnen zu halten. Es ist Ihnen freigestellt, welche Sättigungsbeilage Sie wählen. Entscheiden Sie nach Ihrem Geschmack. Sie haben die Auswahl zwischen Salz-, Pellkartoffeln, Vollkornreis, Vollkornnudeln und Quinoa. Diese Nahrungsmittel enthalten sättigende Kohlenhydrate mit einem vorteilhaften glykämischen Index.

Für 2 Portionen sollten Sie sich an folgenden Mengenangaben orientieren: Kartoffeln: 300 Gramm, Vollkornreis: 120 Gramm, Vollkornnudeln: 160 Gramm, Quinoa: 120 Gramm.

Es ist sehr wichtig, dass Sie wirklich 100 Prozent Vollkornprodukte kaufen. Im Handel finden sich sehr oft regelrechte Mogelpackungen, bei denen vorne auf der Verpackung mit dem Begriff „Vollkorn" geworben wird. Wenn Sie die Zutatenliste studieren, fällt auf, dass zum Beispiel nur 60 Prozent des Mehls reines Vollkornmehl sind. Die restlichen Anteile des Produkts bestehen trotzdem aus Weißmehl.

Lassen Sie sich auch nicht von fantasiereichen Zusatztiteln täuschen. Sätze wie „Schmeckt wie hausgemacht", „nach Omas Rezept" oder „voller Geschmack" bedeuten rein rechtlich gar nichts. Ganz im Gegenteil: Wenn die Hersteller so gestelzt formulieren, ist meist eine absichtliche Täuschung im Spiel.

Bitte bedenken Sie: Wenn etwas wie hausgemacht schmeckt, kann es trotzdem voller Chemie, Zucker und schlechten, billigen Zutaten sein. Selbst wenn 99 Prozent der Käufer dem Produkt einen miserablen, künstlichen Geschmack bescheinigen, dürfte der Hersteller seinen Werbespruch „Schmeckt wie hausgemacht" verwenden. Denn dieser Satz ist eine Behauptung ohne Bezug zur Realität und niemals zu beweisen.

### Gemüsepfanne (2 Portionen)

Dünsten Sie 1 Zwiebel in Olivenöl glasig. Geben Sie 200 Gramm Gemüse hinzu. Braten Sie das Gemüse 2 Minuten mit und geben 100 Milliliter Wasser hinzu. Dünsten Sie das Gemüse gar. Salzen und pfeffern Sie nach Ihrem Geschmack.

### Hähnchen auf Rucola-Tomate (2 Portionen)

Schneiden Sie 100 Gramm Rucola in Streifen. Hacken Sie 1 große Zwiebel und 1 Knoblauchzehe fein. Überbrühen Sie 300 Gramm Tomaten mit heißem Wasser, häuten Sie die Tomaten, und entfernen Sie die Stiele. Würfeln Sie die Tomaten in kleine Stücke. Zerteilen Sie 2 Hähnchenbrustfilets in 2 cm dicke Streifen. In einem Topf erhitzen Sie 2 Esslöffel Olivenöl. Dünsten Sie die Zwiebel und den Knoblauch darin glasig. Fügen Sie die Tomaten zu, und dünsten Sie diese 5 Minuten. Geben Sie den Rucola hinzu, und dünsten Sie alle Zutaten weitere 5 Minuten. Gleichzeitig erhitzen Sie in einer Pfanne 2 Esslöffel Olivenöl und braten das Fleisch unter Zugabe von Salz und Pfeffer ca. 10 Minuten von allen Seiten an.

## Bratlinge (2 Portionen)

Erwärmen Sie 100 Milliliter Milch und lassen Sie 125 Gramm Haferflocken oder geschroteten Hafer darin quellen. Hacken Sie 1 Zwiebel klein, und dünsten Sie diese in Olivenöl an. Geben Sie 1 Eigelb und 3 Esslöffel Magerquark zur Hafermasse. Würzen Sie die Zwiebel mit Koriander, Salz und Pfeffer, und geben Sie sie ebenfalls zu dem Hafer. Schlagen Sie das Eiweiß steif, und ziehen Sie es unter die Hafermasse. Erhitzen Sie Olivenöl in der Pfanne. Formen Sie Bratlinge aus der Hafermasse, und braten Sie diese in der Pfanne knusprig. Das dauert von jeder Seite etwa 5 Minuten.

## Risotto (2 Portionen)

Dünsten Sie 1 feingehackte Zwiebel in 1 Teelöffel Olivenöl. Geben Sie 120 Gramm gewaschenen Vollkornreis zu den Zwiebeln, und lassen Sie ihn 1 Minute mitdünsten. Fügen Sie 200 ml Wasser, Salz und Pfeffer zu, und lassen Sie den Reis aufkochen. Danach reduzieren Sie die Hitze und köcheln den Reis. Nach 20 Minuten geben Sie 200 Gramm gewürfelte Zucchini zu. Nach weiteren 8 Minuten fügen Sie 2 gewürfelte Tomaten und 10 gehackte Oliven hinzu. Diese kochen Sie 2 Minuten lang mit. Nehmen Sie den Topf vom Herd, und lassen Sie das Risotto etwas weiterquellen.

## Auberginen Auflauf (2 Portionen)

Achteln Sie 200 Gramm Tomaten, und vermengen Sie sie mit einer kleingehackten Knoblauchzehe, 1 Teelöffel Oregano, Pfeffer, Salz, Chilipulver sowie Paprikapulver. Schneiden Sie 1 Aubergine in 1 cm dicke Scheiben. Die Hälfte der Scheiben legen Sie dachziegelartig auf den Boden einer eingeölten Auflaufform und beträufeln sie mit Olivenöl. Verteilen Sie die Tomatenstücke darauf. Legen Sie die zweite Hälfte der Aubergine auf die Tomaten, und beträufeln Sie sie mit Öl. Vermischen Sie 20 Gramm geriebenen Emmentaler mit 2 Esslöffel Petersilie und 2 Esslöffel zerbröseltem Vollkornbrot. Streuen Sie die Käse-Brot-Mischung oben auf die Auberginenschicht. Stellen Sie die Auflaufform 30 Minuten lang bei 200 Grad in den vorgeheizten Backofen.

## Kichererbsen (2 Portionen)

Lassen Sie 25 Gramm trockene Kichererbsen über Nacht in 200 Milliliter Wasser einweichen. Schälen Sie 125 Gramm festkochende Kartoffeln. Schneiden Sie 500 Gramm gelben Kürbis und die Kartoffeln in 3 cm große Würfel. Schneiden Sie 125 Gramm Zwiebel in feine Ringe. Pressen Sie 1 Knoblauchzehe. Erhitzen Sie 3 Esslöffel Olivenöl in einem Topf. Rösten Sie die Zwiebel und den Knoblauch unter Zugabe von etwas Kreuzkümmel braun. Braten Sie anschließend die Kartoffelstücke unter ständigem Rühren 2 Minuten mit an. Geben Sie Kurkuma, edelsüßes Paprikapulver sowie Koriander dazu, und braten Sie alles weitere 2 Minuten unter Rühren an. Schütten Sie die Kichererbsen ab, und geben Sie 125 Milliliter frisches Wasser sowie etwas Salz zu. Lassen Sie alles bei mittlerer Hitze 5 Minuten köcheln. Geben Sie die Kürbisstücke dazu und lassen Sie alles weitere 5 Minuten köcheln. Schmecken Sie mit Pfeffer und Salz ab.

## Steckrübe in Brotkruste (2 Portionen)

Würfeln Sie 1 Zwiebel ganz fein, und braten Sie sie in 1 Esslöffel Olivenöl 2 Minuten lang an. Zerteilen Sie 1 Steckrübe in längliche Stücke (ähnlich Pommes frites). Legen Sie die Steckrübenstücke in eine Auflaufform, geben Sie 4 Esslöffel Olivenöl, Salz, Pfeffer sowie Kümmel dazu, und vermischen Sie alles gut miteinander. Streuen Sie die gebratene Zwiebel obenauf. Bedecken Sie die Steckrübe mit 30 Gramm Käse zum Überbacken (Gouda, Bergkäse oder Parmesan ganz nach Ihrem Geschmack). Krümeln Sie 1 dicke Scheibe Vollkornbrot über alles. Stellen Sie die Auflaufform 45 Minuten lang bei 220 Grad in den vorgeheizten Backofen.

## Birnenlauch mit Käse (2 Portionen)

Dünsten Sie 1 Zwiebel in 1 Esslöffel Olivenöl glasig. Geben Sie 2 Stangen Lauch hinzu, die Sie zuvor in 1 cm dicke Streifen geschnitten haben. Geben Sie 200 Milliliter Wasser und etwas Sojasoße hinzu, und dünsten Sie den Lauch gar. Kurz vor Ende der Garzeit fügen Sie 2 gewürfelte Birnen und 50 Gramm gewürfelten Schafskäse hinzu.

### Steak mit Bohnen (2 Portionen)

Erster Topf: Kochen Sie 300 Gramm Kartoffeln.

Zweiter Topf: Dünsten Sie 1 große Zwiebel und etwas Knoblauch in 2 Esslöffel Olivenöl an. Geben Sie 600 Gramm grüne Bohnen und 200 Milliliter Wasser hinzu. Dünsten Sie die Bohnen gar.

Bratpfanne: Heizen Sie eine Pfanne mit etwas Olivenöl auf hoher Temperatur vor. Legen Sie 2 Steaks hinein, die Sie nach Ihren Vorstellungen von beiden Seiten anbraten. Salzen und pfeffern Sie nach Ihrem Geschmack.

### Fenchel im Backofen (2 Portionen)

Schneiden Sie 3 Fenchel in Scheiben, und beträufeln Sie den Fenchel mit Olivenöl. Geben Sie Knoblauch, Salz, Pfeffer sowie Kreuzkümmel zu und vermengen Sie alles. Legen Sie den Fenchel auf ein eingeöltes Backblech, das Sie 25 Minuten lang bei 200 Grad in den vorgeheizten Backofen schieben. Geben Sie 15 entkernte Oliven und 40 Gramm Schafskäse hinzu, und backen Sie alles weitere 5 Minuten lang.

### Roter Barsch mit roter Paprika (2 Portionen)

Zerteilen Sie 3 rote Paprika, 1 Bund Frühlingszwiebeln und 1 Knoblauchzehe. Dünsten Sie die Zutaten in einer Pfanne ca. 4 Minuten lang in etwas Olivenöl. Geben Sie 400 Gramm Rotbarschfilet mit etwas Zitronensaft zum Gemüse, salzen und pfeffern Sie nach Belieben. Den Fisch haben Sie zuvor in Stücke zerteilt. Lassen Sie alles zugedeckt etwa 8 Minuten garen. Schmecken Sie mit einigen Basilikumblättern ab.

### Rinderbrühe (für 2 Liter Brühe)

Geben Sie 750 Gramm Beinscheiben vom Rind (mit Knochen) in 2 Liter kaltes Wasser, salzen Sie etwas, und kochen Sie auf. Dabei bildet sich viel Schaum, schöpfen Sie diesen ab. Nach 60 Minuten Kochzeit geben Sie 1 Bund kleingeschnittenes Suppengrün (Möhre, Sellerie, Lauch), 2 Zwiebeln, 1 Lorbeerblatt, 3 Gewürznelken und 5 Pfefferkörner hinzu. Dann köcheln Sie alles weitere 120 Minuten. Anschließend nehmen Sie die festen Zutaten aus der Brühe und sieben die Brühe nochmals durch. Die Brühe können Sie einfrieren.

### Kürbissuppe (2 Portionen)

Dünsten Sie 1 Zwiebel in Olivenöl glasig, und geben Sie die essbaren kleingeschnittenen Teile eines Hokkaido-Kürbis hinzu. Fügen Sie 1 große zerteilte Kartoffel hinzu. Dünsten Sie alles 1 Minute lang an. 600 Milliliter Wasser hineingießen und aufkochen lassen. Im Anschluss auf kleiner Flamme für etwa 15 Minuten lang gar kochen. Die Suppe pürieren sowie mit Salz, Pfeffer und Zitronensaft abschmecken. Wenn Sie mögen, garnieren Sie die Teller mit Walnuss-Stückchen, Bärlauchblättern und Kürbiskernöl.

### Lachs mit Mangold (2 Portionen)

Erster Topf: Streuen Sie 100 Gramm Quinoa in 200 ml kaltes Wasser. Kochen Sie das Wasser auf, nach 10 Minuten ist das Quinoa fertig. Zweiter Topf: Würfeln Sie 1 große Zwiebel, und dünsten Sie sie in 2 Teelöffel Olivenöl an. Schneiden Sie 1 Staude Mangold in Streifen. Geben Sie den Mangold hinzu, und fügen Sie 300 ml Wasser bei. Nach 15 bis 20 Minuten ist der Mangold gar. Bratpfanne: Heizen Sie eine Bratpfanne bei mittlerer Temperatur vor. Geben Sie 2 Esslöffel Olivenöl, Salz und Pfeffer in die Pfanne. Legen Sie 2 Seelachsfilets hinein und braten sie. Nach 4 Minuten wenden Sie die Filets und braten sie von der anderen Seite weitere 4 Minuten an. Das Filet muss aufgetaut sein, wenn Sie Tiefkühlfisch verwenden.

### Mit Linsen gefüllte Zucchini-Schiffchen (2 Portionen)

Garen Sie in einem Topf 50 Gramm Naturreis und 50 Gramm Champagne-Linsen in etwa 250 ml Salzwasser. Währenddessen zerteilen Sie 250 Gramm Zucchini in Hälften und löffeln das kernige Innere heraus. Würfeln Sie 1 Tomate, und zerteilen Sie 1 kleine Zwiebel sowie 1 Knoblauchzehe sehr fein. Geben Sie die Tomate, die Zwiebel und den Knoblauch in eine geölte Auflaufform, und tröpfeln Sie Öl, Salz und Pfeffer über das Gemüse. Vermischen Sie alles nochmals. Geben Sie es für 7 Minuten in den auf 200 Grad vorgeheizten Ofen. Holen Sie die Form aus dem Ofen. Ziehen Sie 50 Gramm Crème fraîche unter den Linsen-Reis. Legen Sie die halbierten Zucchini auf das Gemüsebett, und füllen Sie die Zucchini-Schiffchen mit dem Linsen-Reis. Streuen Sie etwas Käse über alles, und überbacken Sie es weitere 20 Minuten lang im Ofen.

### Thunfisch trifft Erdapfel (2 Portionen)

Kochen Sie 350 Gramm Kartoffeln gar. In der Zwischenzeit würfeln Sie 1 Gurke und schneiden 1 Frühlingszwiebel in feine Ringe. Halbieren Sie 150 Gramm Cocktailtomaten. Geben Sie alles in eine Schüssel, und fügen Sie eine abgetropfte Dose Thunfisch naturell hinzu. Schälen Sie die kalt abgeschreckten Kartoffeln, und schneiden Sie sie in Stücke. Vermengen Sie alles. Geben Sie eine Salatsoße nach Belieben hinzu.

### Anatolische Auberginen (2 Portionen)

Schälen Sie von 2 Auberginen die Hälfte der Schale streifig ab (so dass es wie modische Längsstreifen aussieht). Stechen und ritzen Sie mit einem Messer mehrmals ein. Geben Sie sehr viel Salz auf die Auberginen, und lassen Sie sie 15 Minuten lang im Salz liegen. Waschen Sie das Salz mit Leitungswasser ab, quetschen Sie die Auberginen ein wenig, und trocknen Sie sie mit Küchenkrepp ab. Das alles dient dazu, dass die Auberginen ihre Bitterkeit verlieren. Braten Sie die Auberginen in einer Pfanne in Öl von allen Seiten an. Nehmen Sie sie aus der Pfanne, und drücken Sie eine Mulde hinein, in die später das Gemüse gefüllt werden soll. Dünsten Sie 150 Gramm kleingeschnittene Zwiebeln und 1 ganz fein geschnittene Knoblauchzehe in einer geölten Pfanne an. Geben Sie 80 Gramm zerteilte Tomaten, 1 kleine gewürfelte Paprika und frische Petersilie in die Pfanne. Salzen und pfeffern Sie nach Geschmack. Fügen Sie 80 Milliliter Wasser hinzu, und köcheln Sie die Mischung 10 Minuten. Gießen Sie alles durch ein Sieb, und fangen Sie die Flüssigkeit auf. Füllen Sie das gekochte Gemüse in die Auberginen, und legen Sie die 80 Gramm zerteilten Tomaten obenauf. Legen Sie die Auberginen in eine Auflaufform, geben Sie die Kochflüssigkeit sowie etwas frisches Wasser dazu, und decken Sie alles mit Alufolie ab. Stellen Sie die Auflaufform etwa 30 Minuten lang bei 180 Grad in den Backofen.

### Jägerschnitzel (4 Portionen)

Würfeln Sie 1 Zwiebel, und schneiden Sie 250 Gramm Champignons in Scheiben. Tupfen Sie 4 Schweineschnitzel mit Küchenpapier trocken, und würzen Sie die Schnitzel mit Salz, Pfeffer und Paprikapulver. Wenden Sie das Fleisch in Weizenmehl (es ist so wenig Mehl im Spiel, dass Sie nicht zwingend Vollkornmehl brauchen). Erhitzen Sie 5 Esslöffel Sonnenblumenöl in einer Pfanne. Braten Sie die Schnitzel im Öl gar, und stellen Sie sie anschließend warm. Dünsten Sie die Zwiebel in dem Bratöl der Schnitzel an. Geben Sie die Pilze hinzu. Rühren Sie 150 Gramm Crème fraîche unter. Würzen Sie mit Salz und Pfeffer, und lassen Sie die Jägersauce 3 Minuten schwach köcheln. Rühren Sie 1 Esslöffel gehackte Petersilie unter. Servieren Sie die Sauce zu den Schnitzeln. Als Sättigungsbeilage eignen sich Salzkartoffeln, Pellkartoffeln, Vollkornnudeln, Vollkornreis oder Quinoa. Abgerundet wird das Gericht mit einem frischen Salat.

### Pilaw mit Adzukibohnen (4 Portionen)

Adzukibohnen und Wakame (Meeresalge) sind Spezialitäten der asiatischen Küche, die Sie heutzutage in jedem gut sortierten Lebensmittelgeschäft bekommen. Weichen Sie über Nacht 200 Gramm Adzukibohnen in sehr viel kaltem Wasser ein. Schütten Sie das Einweichwasser weg, und lassen Sie die nochmals abgespülten Adzukibohnen in 2 Liter kaltem Wasser mit einem beigefügten Stück Wakame etwa 20 Minuten lang sanft vor sich hin köcheln. Gießen Sie die Flüssigkeit ab, aber fangen Sie sie auf. Entsorgen Sie die Wakame. Geben Sie 250 Milliliter der Garflüssigkeit erneut zu den Adzukibohnen, und kochen Sie die Bohnen weitere 10 Minuten. Die Adzukibohnen sollen „al dente", also bissfest, werden. Währenddessen lassen Sie in einem anderen Topf 200 Gramm Vollkornreis und 1 Lorbeerblatt mit 400 ml Wasser auf kleiner Flamme etwa 15 Minuten lang köcheln. Dann fügen Sie etwas Zitronensaft, 1 Prise Paprikapulver (edelsüß), 4 Esslöffel Pinienkerne und 2 Esslöffel Korinthen hinzu. Lassen Sie alles mit dem Reis weiter köcheln und quellen, bis der Reis gar ist. In einem großen Topf erhitzen Sie etwas Olivenöl und braten darin die folgenden Zutaten an: ½ Knoblauchzehe, ½ Teelöffel geriebenen Ingwer, 1 feingehackte Zwiebel, 1 getrocknete Chilischote, 4 kleingeschnittene Tomaten, 1 Esslöffel Petersilie und 1 Prise Kurkuma. Fügen Sie etwas Zimt sowie 1 Prise Kardamom hinzu, und lassen Sie alles 10 Minuten köcheln. Holen Sie die Chilischote aus dem Topf. Fügen Sie die Bohnen und den Reis hinzu, und vermengen Sie alles. Lassen Sie es für 20 Minuten auf dem Herd durchziehen. Servieren Sie das Gericht, und bestreuen Sie die Teller mit reichlich Petersilie.

## Sellerieschnitzel (4 Portionen)

Schälen Sie 1 sehr große oder 2 mittelgroße Sellerie, und waschen Sie sie. Schneiden Sie die Sellerie in etwa 1 cm dicke Scheiben, die Sie in einer großen Pfanne bei mittlerer Hitze in Olivenöl anbraten. Die Sellerie muss schön gegart werden – sie darf nicht am Rand schwarz und in der Mitte roh sein. Wenn Sie die Selleriescheiben wenden, legen Sie obendrauf etwas Käse zum Überbacken. Würzen Sie mit etwas Thymian. Als Sättigungsbeilage eignen sich wie immer Salzkartoffeln, Pellkartoffeln, Vollkornnudeln, Vollkornreis oder Quinoa. Abgerundet wird das Gericht mit einem frischen Salat.

## Zucchini mit Hirsekruste (4 Portionen)

Kochen Sie 320 Gramm Hirse in 1 Liter Wasser 10 Minuten lang. Dann schalten Sie die Hitze aus und lassen die Hirse 10 Minuten weiter ziehen. Stellen Sie den Topf beiseite. Würfeln Sie 4 Zwiebeln und 2 Knoblauchzehen so klein wie möglich. Reiben Sie 150 Gramm Bergkäse. Wenn die Hirse etwas erkaltet ist, geben Sie die Zwiebeln, den Knoblauch, den Bergkäse, etwas frischen Thymian, etwas geriebene Zitronenschale, 2 Eier und 10 Esslöffel Sahne hinzu. Schmecken Sie mit Salz und Cayennepfeffer nach Belieben ab, und vermengen Sie alles. Waschen Sie 4 Zucchini, und schneiden Sie sie längs in Scheiben. Gießen Sie gutes Olivenöl auf ein Backblech und legen Sie die Zucchinischeiben darauf. Beträufeln Sie sie nochmals reichlich mit Olivenöl und etwas Zitronensaft. Stellen Sie das Backblech, 10 Minuten bei 200 Grad in den Backofen. Dann holen Sie es heraus und geben die Hirsemasse oben auf die Zucchini. Anschließend alles wieder für weitere 20 Minuten in den Backofen stellen.

## Grillsauce I

Rösten Sie 20 Gramm Pinienkerne in einer Pfanne. Geben Sie diese mit 2 Knoblauchzehen, 3 Esslöffel weißen Bohnen (frisch oder aus der Dose), frischem Basilikum, 25 Gramm Parmesan und 2 Esslöffel Olivenöl in einen Mixer. Pürieren Sie alles. Salzen und pfeffern Sie nach Geschmack.

### Grillsauce II

Pürieren Sie 1 sehr reife Avocado und 1 Knoblauchzehe. Fügen Sie 2 Teelöffel geriebene Limetten-Schalen dazu. Geben Sie 2 Tomaten in ganz kleinen Würfeln und 150 Gramm Joghurt hinzu. Würzen Sie mit Salz, Cayenne-Pfeffer und dem Saft der Limette.

### Ketchup

Verrühren Sie 100 Gramm Tomatenmark, 40 Milliliter Honig, 20 Milliliter Essig und 100 Milliliter Wasser. Geben Sie eine Prise Salz hinzu – fertig. Wenn es Ihnen zu süß ist, verwenden Sie etwas weniger Honig.

## Nachtisch

### Selbst gemachtes Eis

Legen Sie 3 Bananen, die Sie zuvor in winzige Würfel geschnitten haben, in die Tiefkühltruhe. Stellen Sie 150 Milliliter Kokosmilch in den Kühlschrank. Nach ein paar Stunden geben Sie beides in einen Mixer. Fügen Sie etwas Zimt hinzu, wenn Sie mögen. Noch schneller geht folgendes Rezept: Geben Sie Stücke Ihrer bevorzugten Obstsorte in kalten Magerquark. Schmeckt genauso lecker wie Eis.

### Heidelbeer-Auflauf (4 Portionen)

Geben Sie 375 Milliliter Wasser, 145 Milliliter Kokosmilch sowie 145 Gramm Milchreis in einen Topf, und lassen Sie alles kurz aufkochen. Natürlich haben Sie zuvor mit einer Prise Salz gewürzt. Drehen Sie die Flamme ganz klein, und lassen Sie den Milchreis rund 30 Minuten lang ziehen. Rühren Sie gelegentlich um. Trennen Sie 2 Eier, und geben Sie das Eigelb zusammen mit 1 Teelöffel Honig in den Milchreis. Das Eiweiß schlagen Sie zu Eiweißschnee, den Sie vorsichtig unter den Reis heben. Geben Sie in 4 hitzefeste Gläser jeweils 50 Gramm Heidelbeeren. Füllen Sie die Gläser mit dem Reis auf, und streuen Sie ein wenig Zimt obenauf. Backen Sie den Reis etwa 18 Minuten lang bei 160 Grad im Backofen.

## Kakaoplätzchen mit Mandeln (20 Plätzchen)

Schmelzen Sie in einem Topf bei kleinster Hitze 3 Esslöffel Kokosöl, 7 Esslöffel Honig und 4 Esslöffel Mandelmus. Rühren Sie gut um. Geben Sie in den Topf die folgenden Zutaten: ½ Teelöffel gemahlene Vanille, 200 Gramm Kokosflocken, 50 Gramm gemahlene Mandeln, 50 Gramm gehackte Mandeln, 4 Esslöffel ungesüßtes Kakaopulver, 50 Gramm gehackte dunkle Schokolade und 50 Gramm gehackte Walnüsse. Rühren Sie alles zu einem homogenen Teig um. Formen Sie mit einem Löffel oder mit Ihren Händen aus dem Teig kleine Kügelchen. Diese Kügelchen kommen auf einem Backblech 20 Minuten lang in den Kühlschrank.

## Pina Colada (2 Portionen)

Geben Sie 1/2 frische Ananas in die Küchenmaschine. Es ist ganz wichtig, dass die Ananas frisch ist. Wenn Sie eine Ananas aus der Dose benutzen, ist immer Zucker zugesetzt. Geben Sie eine Banane zur Ananas in die Küchenmaschine hinzu. Fügen Sie 300 Milliliter Kokosmilch und 2 Esslöffel Kokosraspel hinzu. Wenn Sie mögen, dürfen Sie 1 Esslöffel Zitronensaft dazugeben. Der Zitronensaft ergibt eine leicht säuerliche Note. Mixen Sie alles in der Küchenmaschine, bis eine einheitliche Flüssigkeit ohne grobe Stückchen entsteht.

## Mangocreme (8 Portionen)

Dieser sehr schmackhafte Nachtisch enthält weder Zucker, Süßstoff, Honig noch Sirup! Pürieren Sie 3 Mangos und stellen Sie sie beiseite. Vermischen Sie 1 Kilogramm Naturjoghurt, 400 Gramm Schlagsahne, 6 Esslöffel Getreidekaffeepulver, etwas geriebene Zitronenschale und Vanille. Oben auf die Joghurtmasse streichen Sie die Mangocreme. Streuen Sie geröstete Mandeln darüber.

## Pflaumencreme (für 6 Portionen)

Weichen Sie 300 Gramm getrocknete Pflaumen vier Stunden lang in Wasser ein. Kurz aufkochen lassen und die Pflaumen pürieren. Lassen Sie die Masse abkühlen. Vermischen Sie die Pflaumenmasse mit 750 Gramm Naturjoghurt. Schlagen Sie 300 Gramm Sahne steif und heben Sie diese unter. Bestreuen Sie die Creme mit Zimt.

# Kuchen

### Erdbeer-Kakao-Waffeln (2 Portionen)

Verrühren Sie 2 Eier. Geben Sie 2 Esslöffel Honig und 40 ml Kokosmilch hinzu. Mischen Sie alles sehr gut. Geben Sie eine Prise Salz, 1 Teelöffel Zimt, ½ Teelöffel gemahlene Vanille, 1 Teelöffel Weinstein-Backpulver, 2 Esslöffel ungesüßtes Kakaopulver und 170 Gramm gemahlene Mandeln hinzu. Das ergibt den Teig für die Waffeln. Backen Sie die Waffeln in einem heißen Waffeleisen, das Sie gut mit Butter eingefettet haben. Die fertig gebackenen Waffeln halten Sie im Ofen bei 80 Grad warm. Für die Erdbeer-Kakao-Creme, die oben auf die Waffeln kommt, benötigen Sie die folgenden Zutaten: 2 Teelöffel Zitronensaft, 2 Teelöffel Honig, 30 Gramm Kokosflocken und 200 Gramm Erdbeeren. Pürieren Sie diese Zutaten, und geben Sie die Creme über die Waffeln.

### Erdbeerkuchen (1 ganzer Kuchen)

Für den Boden (Mürbeteig): 250 Gramm Vollkornmehl, 100 Gramm Butter, 1 Ei, ¼ Banane, 2 Teelöffel Backpulver, 1 ½ Esslöffel Wasser, etwas geriebene Zitronenschale. Für die Füllung: 500 Gramm stichfesten Sahnequark oder Schichtkäse, 1 Banane, Saft von ½ Zitrone, echte Bourbon-Vanille, etwas geriebene Orangenschale.

### Für die Auflage: 500 Gramm Erdbeeren und 40 Gramm gehackte Mandeln

Rösten Sie die Mandeln in einer Pfanne bei niedriger Temperatur an. Geben Sie das Mehl mit dem Backpulver in eine Schüssel, und formen Sie es zu einer Art Vulkanberg mit einem Krater obenauf. Zerteilen Sie die Butter in Flöckchen, und verteilen Sie sie rund um den Mehlvulkan. Zerquetschen Sie die Banane mit einer Gabel. Geben Sie die Banane, das Ei und das Wasser in den Krater. Kneten Sie alles zu einem Mürbeteig, und stellen Sie den Teig 20 Minuten in den Kühlschrank. Streichen Sie den Teig auf eine gefettete Tortenbodenform, und backen Sie ihn 18 Minuten bei 180 Grad. Währenddessen vermengen Sie alle Zutaten der Füllung. Geben Sie die Füllung auf den abgekühlten Boden. Vierteln Sie die Erdbeeren, und geben Sie sie mit den Mandeln oben auf die Füllung.

### Windbeutel (4 Portionen)

Schlagen Sie 150 Gramm Sahne mit einer Messerspitze Vanille und Zimt sehr steif. Reiben Sie 30 Gramm Walnüsse sehr fein und 2 Birnen grob. Vermischen Sie alles. Das ergibt die Füllung der Windbeutel. Stellen Sie die Füllung beiseite. Erhitzen Sie 70 Gramm Butter in 250 Milliliter Wasser. Mahlen Sie 150 Gramm Dinkel, und geben Sie das Mehl in die kochende Flüssigkeit. Rühren Sie dabei stets und sorgfältig um. Am Topfboden wird sich nach einiger Zeit eine Schicht bilden. Nehmen Sie den Topf sofort vom Herd und lassen ihn etwas abkühlen. Geben Sie 1 Ei hinzu, das Sie sehr gut verrühren. Wenn das Ei nicht mehr zu erkennen ist, geben Sie ein weiteres Ei hinzu. In gleicher Art verfahren Sie mit einem dritten Ei. Insgesamt kommen 3 Eier in die Masse. Der Teig muss zähfließend vom Löffel gleiten. Rühren Sie 1 Teelöffel Backpulver unter. Ganz wichtig: Heizen Sie Ihren Backofen auf 250 Grad vor. Fetten Sie ein Backblech gut ein. Geben Sie mit einem Teelöffel kleine Häufchen Teig auf das Backblech. Stellen Sie die Windbeutel in den Backofen, und schalten Sie den Ofen auf 225 Grad hinunter. Backen Sie 15 Minuten lang. Reduzieren Sie dann die Hitze auf 175 Grad. Backen Sie weitere 25 Minuten. Nehmen Sie die Windbeutel heraus, und zerteilen Sie sie sofort in die Ober- und Unterteil. Fügen Sie die Füllung auf das Unterteile, legen Sie den Deckel wieder drauf und servieren Sie sofort.

## Zwischenmahlzeiten
### Apfel-Snack für unterwegs (4 Portionen)

Schneiden Sie einen Apfel in kleine Stücke. Die Hälfte der Apfelstücke vermengen Sie mit 3 Eiern, ein paar Tropfen Honig und 2 Teelöffel Zimt in einer Küchenmaschine. Dann heben Sie die restlichen Apfelstücke, 4 Esslöffel Leinmehl und ½ Teelöffel Weinstein-Backpulver unter. Erhitzen Sie 1 Teelöffel Kokosöl in der Pfanne, und braten Sie den Teig in kleinen Portionen gar (so wie Kartoffelpuffer). Das dauert pro Seite etwa 5 Minuten.

### Energie-Riegel (8 Portionen)

Schmelzen Sie 60 Milliliter Kokosöl, und lassen Sie es wieder abkühlen. Vermengen Sie das Öl mit 250 Milliliter Kokosmilch, 3 Eiern, ein paar Tropfen Honig, 1 Esslöffel echter Vanille, 60 Gramm gemahlenen Mandeln, 2 Esslöffel Kokosmehl, 180 Gramm Kokosraspel und etwas Salz. Legen Sie ein Backblech mit Backpapier aus, und fetten Sie das Papier mit Kokosöl ein. Geben Sie den Teig auf das Blech. Streichen Sie den Teig zu einer 2 cm dicken Schicht aus.

Wichtig ist die Höhe und nicht, ob das ganze Blech bedeckt ist. Backen Sie alles 30 Minuten lang im Backofen bei 160 Grad. Lassen Sie das Blech 30 Minuten abkühlen, dann schneiden Sie die Masse in Riegel. Die Riegel halten sich im Kühlschrank etwa eine Woche lang frisch.

### Müsliriegel (30 Stück)

Stellen Sie eine große Schüssel mit warmem Wasser bereit, denn der Teig wird sehr an Ihren Händen kleben. Hacken Sie 75 Gramm Haselnüsse, 75 Gramm Kürbiskerne, 150 Gramm Feigen und 75 Gramm Trockenpflaumen in kleine Stücke. Mischen Sie die Zutaten in einer großen Schüssel mit 375 Milliliter Wasser, 7 Esslöffel Sonnenblumenöl, 75 Gramm Sonnenblumenkernen, 100 Gramm Rosinen, 150 Gramm Weizenvollkornmehl und 300 Gramm Haferflocken. Schmecken Sie mit Salz, Zimt und ein paar Klecksen Honig ab.

Verrühren Sie alles zu einem Teig. Breiten Sie den Teig gleichmäßig auf einem eingefetteten und mit Backpapier ausgelegten Backblech aus. Backen Sie den Teig im vorgeheizten Backofen 40 Minuten bei 180 Grad. Schneiden Sie die Masse in kleine Portionen, solange sie noch etwas warm ist. Die Müsliriegel halten sich luftdicht verschlossen im Backofen etwa 14 Tage.

## Literatur

Alexander, Anne, The Sugar Smart Diet, Rodale, New York 2013
Cavelius, A./Mosetter, K./Probost, T./Simon, W.A., Zucker: der heimliche Killer, Gräfe und Unzer, München 2013
Faulstich, Peter, Mein Weg zum Wohlfühlgewicht, Schlütersche, Hannover 2009
Frank, Gunter, Lizenz zum Essen, Piper, München 2008
Hüther, Gerald, Bedienungsanleitung für ein menschliches Gehirn, Vandenhoeck & Ruprecht, Göttingen 2001
Schmidt, Gunther, Berater als „Realitätenkellner" und Beratung als koevolutionäres Konstruktionsritual für zieldienliche Netzwerkaktivierungen – einige hypnosystemische Implikationen, in: W. Leeb, B. Trenkle und M. Weckenmann (Hrsg.), Der Realitätenkellner, Carl Auer, Heidelberg 2011
Schulz von Thun, Friedemann, Miteinander reden – Das „Innere Team" und situationsgerechte Kommunikation, rororo, Reinbek 1998
Sedmak, Clemens, Jeder Tag hat viele Leben. Die Philosophie der kleinen Schritte, Ecowin, Salzburg 2014
Sone, H./Stone, S., Du bist viele, Heyne, München 1994
Storch, Maja: Mein Ich-Gewicht – Wie das Unbewusste hilft, das richtige Gewicht zu finden, Goldmann, München 2009
Tausch, Reinhard, Hilfen bei Stress und Belastung, rororo, Reinbek bei Hamburg 1996
Temelie, Barbara, Das Fünf Elemente Kochbuch, Joy, Oy-Mittelberg 2009
Zeug, Katrin, Mach es anders, in: ZEIT Wissen, Nr. 02/2013